ALEC MACLELLAN

Das Geheimnis der Heiligen Lanze

JOCHEN KOPP VERLAG

Wer diese Lanze besitzt und versteht,
welchen Mächten sie dient,
hält das Schicksal der Welt für Gut oder Böse
in seinen Händen.

Alte Prophezeiung

Danksagung

Die Autoren derjenigen Werke, die ich während des Schreibens dieses Buches zu Rate zog, werden im Text genannt. Ich möchte nicht nur ihnen, sondern auch den folgenden Personen und Institutionen für ihre wertvollen Beiträge zu meiner Forschungsarbeit danken: Neville Armstrong, Dr. Franz Kirchweger, Dr. Robert Feather, Dr. C. T. Davis, H. G. R. King, H. Kleinclausz, Nigel Pennick, Eugene Muntz, David Lang, Herbert Thurston, Laura Hibbard Loomis, Chris Scott, John Kent und Greta Erben. Die Mitglieder der Belegschaft der Londoner Bibliothek, der Wiener Bibliothek, des Kunsthistorischen Museums Wien und der Bibliothek des Kongresses in Washington, D. C., waren ebenso großzügig mit ihrer Zeit und Hilfe. Die *British Newspaper Library*, die Wiener Bibliothek, das Kunsthistorische Museum und das Britische Museum stellten freundlicherweise einige Fotos in diesem Buch zur Verfügung; die restlichen Fotos stammen aus meinem eigenen Archiv.

Ich möchte folgenden Verlagen, Zeitungen und Zeitschriften für die Erlaubnis, ihre Veröffentlichungen zu zitieren, danken: McGraw Hill für *The Occult and the Third Reich* von Jean-Michel Angeburt; Neville Spearman und C. W. Daniel Co. für *The Spear of Destiny* von Trevor Ravenscroft und *Hitler's Secret Sciences* von Nigel Pennick; Thunderbird Press Inc. für *Adolf Hitler and the Secrets of the Holy Lance* von Howard A. Buechnner und Wilhelm Bernhardt; HarperCollins für *Satan and Swastika* von Francis King; Berkley Books für *Phantom Forces* von Richard Rainey; Temple Lodge Press für *The Ninth Century and the Holy Grail* von Walter Johannes Stein und Souvenir Press für *The Monring of the Magician* von Louis Pauwels und Jacques Bergier; *National Geographical Magazine*,

The Sunday Times, *New Scientist*, *The Sunday Telegraph* und *The Guardian*. Auszüge aus der autorisierten Version der Bibel (King-James-Bibel) sind mit Erlaubnis des Lizenzinhabers der Krone, Cambridge University Press, wiedergegeben.

Inhalt

Illustrationen

Bildteil (Seite 107–114)

Abbildungen im Text

2. Darstellung des Longinus mit seinem Speer auf einer alten Freske.
3. Eine Reliquie von Mauritius in der Abtei von Saint Maurice.
4. Ein Kreuz aus der Sammlung von König Æthelstan.
5. Karl der Große und die Heilige Lanze, dargestellt auf einer Münze.
6. Illustration aus dem Schatzkammer Katalog, ca. 1910.
7. Die Welt im Zeichen des Hakenkreuzes von Professor Karl Haushofer.
8. Grafische Darstellung des zerbrochenen Speers aus *Die Reichskleinodien in der Pfalz* (1942).
9. Skizze des Speers aus amerikanischen Geheimdienstakten, die aus der Bibliothek des Kongresses stammen.
10. (a) Der heilige Speer von Rom.
    (b) Die geheiligte Lanze Krakaus.
    (c) & (d) Der Speer von Etchmiadzin.

Prolog

»Der Speer des Schicksals« ist zu einem zunehmend bekannten Begriff in den Medien geworden. Tatsächlich hat dieser Begriff schon seit Jahren öffentliches Interesse hervorgerufen, so z.B. in Opern wie Richard Wagners einzigartiger mittelalterlichen Phantasie *Parsifal*, in der der gute Ritter Sir Parsifal und der böse Zauberer Klingsor um den Besitz des Speers kämpfen; oder in Diskussionen über Picassos großartiges Anti-Kriegsgemälde *Guernica*, in dem ein paar Theoretiker sowohl den Speer als auch ein verstecktes Bild von Adolf Hitler gefunden haben wollen.

In populärer Kunst und Literatur wurde der Begriff auch in Filmen, Comic-Heften, im Fernsehen, in Videospielen und sogar in der Popmusik verwendet. 1995 begegnete der Film-Actionheld Indiana Jones der Lanze in einer vierteiligen Comicbuchserie: *Indiana Jones and the Spear of Destiny*. Zwei Jahre später gab Michael Nankins *The Spear of Destiny* diesen Speer, der einst einem römischen Zenturio und Anwesenden bei der Kreuzigung Jesu namens Longinus gehört haben soll, in die Hände eines modernen jungen Mannes, Conor, was machtvolle Auswirkungen sowohl auf den Jungen als auch auf diejenigen, die mit ihm in Kontakt kamen, hatte.

In den 90er Jahren gab es eine Punkrockgruppe mit dem Namen *The Spear of Destiny* aus Großbritannien. Die Gruppe war von Nick Cash gegründet worden und hatte mehrere Bestseller-Alben, zum Beispiel das umstrittene Album *Religion* (1997).

Der Platte folgte ein Videospiel, in dem der Spieler in die Rolle von B. J. Blazkowicz, dem wertvollsten Agenten der Alliierten im Zweiten Weltkrieg, schlüpfen konnte. Der Speer des

Schicksals wird in dem Spiel von den Nazis beschlagnahmt und im unüberwindlichen Schloß Wolfstein, von dem aus Hitler mit Hilfe der Unbesiegbarkeit des Speers Europa beherrschen will, untergebracht. Der Spieler muß den Speer von Hitler wiedererlangen, sonst wird er »in Stücke gerissen«.

Für viele Menschen ist der Speer des Schicksals nicht mehr als eine unglaubwürdige Phantasie mit religiösem, übernatürlichem, okkultem Unterton. Für andere wiederum ist es die unglaubliche Geschichte eines alten Reliktes, für dessen Besitz Menschen schon seit 2000 Jahren kämpfen und sterben.

Für die Aufgeschlossenen unter uns gibt es hier die Fakten zur Legende.

ALEC MACLELLAN
Dalyan, Türkei
Oktober 2003

Eins

Der Jüngste Tag

Die Gesichter der Männer, die an diesem grauen und stürmischen Morgen im Januar 2003 den Schillerplatz in Wien überqueren, sind ebenso erwartungsvoll wie ängstlich. Die Gruppe kommt aus dem staatlichen Kunsthistorischen Museum, eines der eindrucksvollen Gebäude, aus denen die prunkvolle Hofburg im Stadtzentrum zusammengesetzt ist. Sie bewegt sich nun zielstrebig entlang des Opernrings, vorbei an dem Denkmal des Poeten und Dramatikers Friedrich Schiller, auf den Eingang der Technischen Universität zu, bei dem der Schillerplatz mit dem geschäftigen Getreidemarkt zusammenläuft. Aber keiner der Männer hat Zeit, die wunderschöne Architektur zu bewundern, die aus der ganzen Stadt ein riesiges Museum zu machen scheint. Auch denken sie nicht daran, daß die Museen wahrscheinlich in der ganzen Welt wegen ihrer auserwählten Schätze, die jede Art menschlicher Aktivität von Kriminalität über Pathologie, Puppen, Uhren und Alkohol bis zu Beerdigungsritualen darstellt, unübertroffen sind.

Die Absicht der Männer an diesem Morgen verbindet eine alte Legende mit der neuesten wissenschaftlichen Technik, denn sie werden versuchen, ein altes Rätsel zu lösen, das 2000 Jahre überlebt hat. Sie wollen ein Artefakt, das angeblich bei der Kreuzigung Jesu benutzt wurde, datieren – ein Experiment, dessen Organisation viele Monate gedauert und viele vorsichtige Verhandlungen benötigt hatte.

Einer der am meisten beunruhigten Männer der Gruppe ist Dr. Franz Kirchweger, ein Kurator des Kunsthistorischen Mu-

Ein altertümlicher Speer – wahrscheinlich aus der karolingischen Ära

seums und Verantwortlicher für die Reliquie und deren sicheren Transport zur Technischen Universität und zurück. Er ist sich der Geschichten über sie bewußt und weiß von den großen Männern Europas, die über die Jahrhunderte für ihren Besitz gekämpft haben sollen, Namen einer fernen Vergangenheit – Kaiser Konstantin, der sie benutzte, um den Kampf um die Brücke von Milvian zu gewinnen, Karl der Große, der sie in 47 Feldzügen mit sich trug, und Friedrich Barbarossa, dessen Imperium auf der Macht der Reliquie beruhte, sowie Namen der näheren Vergangenheit: Napoleon Bonaparte, Winston Churchill und Adolf Hitler.

Außer der religiösen Bedeutung der Reliquie (sie hat das Blut des Sohnes Gottes vergossen) hat es in bezug auf sie auch Behauptungen gegeben, sie besitze mystische Kräfte, das Schicksal ihres Besitzers zu formen, und sie hat sich für viele dieser Menschen so wichtig erwiesen wie das Schwert Excalibur für König Arthur. An manchen Stellen wird sie sogar als Mittel zur Weltherrschaft gerühmt.

Dr. Kirchweger, der Mann, der die Reliquie in einer kleinen Schachtel unter seinem Arm die Straße entlang trägt, stimmt nur mit der einfachen Aussage auf der Karte in der Glasvitrine überein, in der sie als Gegenstand 155 in Raum 11 der Schatzkammer des Museums ausgestellt ist:

Heilige Lanze, Karolingisch, 8. Jh.
Mit späteren Ergänzungen
Stahl, Eisen, Messing, Silber, Gold, Leder
(Inv.nr. XIII 19)

Das Museum gewährt den Männern lediglich sechs Stunden, um den Gegenstand von einem der besten Metallurgen der Welt, Dr. Robert Feather aus England, untersuchen zu lassen. Zwei Sicherheitsbeamte, deren Augen beim Überqueren des Platzes hin- und herschnellen, vervollständigen die Gruppe.

Das letzte Gebäude, an dem sie vorübergehen, ist die imposante Neo-Renaissance-Akademie der Bildenden Künste, gebaut an einer Stelle, die ursprünglich für das Österreichische Parlament reserviert war. Wahrscheinlich verschwendet keiner der Männer einen Gedanken daran, daß ein Mann, der mit am häufigsten mit dem Speer, den sie im Begriff sind zu testen, in Verbindung gebracht wird, sich einmal um Aufnahme in dieser renommierten Institution bewarb. Sein Name war Adolf Hitler. Er hatte sich dort 1907 um einen Platz als Student beworben. Er wurde mit der Begründung abgelehnt, seine Zeichnung eines menschlichen Kopfes sei inkompetent, und man schlug ihm vor, statt dessen Architektur zu wählen.

Die Männer sind froh, aus dem eiskalten Wind zu kommen, als sie in die Technische Universität eintreten. An der Tür empfängt sie ein Pförtner, der Dr. Kirchweger und seine Gruppe offensichtlich schon erwartet hat, und führt sie in die Fakultät für Metallurgie und Materialingenieurwesen. Nach wenigen Minuten treten sie in einen geräumigen, neonbeleuchteten Raum ein, voll mit der neuesten wissenschaftlichen Ausstattung.

Dr. Kirchweger verliert keine Zeit. Vorsichtig öffnet er die Schachtel, die er vom Museum hergetragen hat, und hebt das zwischen japanischem Seidenpapier eingepackte Objekt seiner Begierde heraus. Es ist eine kleine, reich verzierte Speerspitze, dunkelgrau mit einer goldenen Ummantelung um die Mitte. Der Kurator legt das Objekt fast ehrfurchtsvoll auf die Arbeitsfläche und tritt einen Schritt zurück. Er wird es an diesem Morgen nicht eine Sekunde aus den Augen lassen.

Diejenigen, die die Speerspitze noch nie gesehen haben, lehnen sich nach vorn, um sie besser im Blickfeld zu haben. Für sie alle scheint es fast unmöglich, daß dieses seltsame, unscheinbare Artefakt für eine der außergewöhnlichsten Legenden in sowohl religiöser als auch okkulter Geschichte verantwortlich sein soll und sich so verschiedene Namen wie »Die Lanze des Mauritius«, »Die Heilige Lanze« und, seit neuestem, »Der Speer des Schicksals« sicherte. Aber kann es wirklich die Waffe sein, mit der ein römischer Zenturio das Leben Christi beendete, wie es in der Bibel steht?

Trotz seiner äußeren Ruhe ist Dr. Robert Feather sehr erfreut, endlich die Speerspitze untersuchen zu können, die schon so lange von ihrem hölzernen Schaft getrennt existiert. Er war sich ihrer Existenz schon seit Jahren bewußt und begrüßte die Einladung, ihr Alter mit seinen speziellen Kenntnissen in einem wissenschaftlichen Versuch zu bestimmen.

Als gelernter Metallurge, der an der *London University* ausgebildet worden war, hatte Dr. Feather 20 Jahre lang als Autor für Metallurgie- und Elektronikmagazine gearbeitet und außerdem viel Zeit damit verbracht, vergleichende Religionsstudien zu betreiben. 1996 wurde er von den Schriftrollen vom Toten

Meer fasziniert, nachdem er eine Sammlung alter Manuskripte und Texte gesehen hatte, die aus einer Synagoge stammten und nun Teil der Genizah-Sammlung der *Cambridge University* waren. Die Schriftrollen, die ursprünglich 1947 gefunden worden waren, verblüfften immer noch die Experten, und Dr. Feather entschied sich, selbst Untersuchungen anzustellen. Eine der Schriftrollen – aus Kupfer – erregte seine Aufmerksamkeit ganz besonders. Er erinnerte sich später:

> Viele Menschen hatten sie aus vielen verschiedenen Richtungen betrachtet, aber ich wollte sie aus einem komplett neuen Blickwinkel sehen. Ich sah sie mit neuen Augen, unvernebelt und ohne die rosarote Brille. Ich fing an zu denken, »sie sind auf dem falschen Pfad und machen einige grundlegende technische Fehler«. So begann eine faszinierende Geschichte.

Mit seinen Kenntnissen der Metallurgie und denen aus seinem Studium der altertümlichen jüdischen und nahöstlichen Geschichte und Religion begann Dr. Feather seinen Versuch, die Schriftzeichen der Kupferschriftrolle zu entziffern. Die Ergebnisse waren sensationell:

> Daß die Schriftrolle aus Kupfer bestand, bedeutete, daß sie 2000 Jahre alt war, und die Menschen, die sie beschriftet hatten, ihr Beständigkeit verleihen wollten. Ich entdeckte, daß sie 64 Orte auflistete, an denen sich vergrabene Schätze wie Gold, Silber, Juwelen, Schmuck, Öle und weitere Schriftrollen versteckten. Und beim Übersetzen des Textes glaube ich einige der aufgelisteten Schätze der Schriftrolle lokalisiert zu haben.

Nachdem er ein Buch über seine Entdeckungen (*The Copper Scroll Decoded*) beendet hatte, nahm Dr. Feather gern die Einladung an, seine Fähigkeiten an einer altertümlichen Speerspitze aus derselben Ära zu demonstrieren. Bei der Speerspitze zeigte er wieder die gleiche sorgfältige Aufmerksamkeit und offene Einstellung, die er schon der Kupferschriftrolle entgegengebracht hatte.

Zuerst wog und maß er die Speerspitze. Sie war 508 Millimeter lang, die Klinge 76 Millimeter breit und 15 Millimeter dick. Dr. Feather arbeitete stumm weiter, betrachtete die dunkle, schlachtschiffgraue Farbe, die scheinbar scharfen Kanten und legte die Speerspitze dann unter ein Mikroskop, um die Einzelteile zu untersuchen. Dies bestätigte, daß die Speerspitze aus Stahl, Eisen, Messing, Gold, Silber und Leder bestand. Zwei flügelartige Klingen waren mit Lederriemen und einem Wirrwarr von Drähten am unteren Ende der Klinge befestigt. Einige kleine Messingkreuze waren dekorativ eingelegt. Vier Silberbänder hielten zusammen, was offensichtlich ein Riß in der Klinge gewesen war.

Während einer Pause entdeckte Dr. Feather etwas, das faszinierenderweise aussah wie ein Eisennagel. Das Objekt war teilweise von der goldenen Ummantelung bedeckt, die fast die Hälfte der Speerspitze verdeckte und im künstlichen Licht des Raumes funkelte, aber es war deutlich genug für Dr. Feather zu sehen, um die Inschrift auf dem Schaft zu lesen zu können: *Lancea et clavus Domini* – »Lanze und Nagel des Herrn«.

Jeder der Tests, die Dr. Robert Feather an jenem Morgen durchführte, mußte vor Beginn mit Dr. Kirchweger abgeklärt werden, und einige produzierten heikle Situationen. Bevor Dr. Feather biologische Tupfer auftragen durfte, um auf organische Materialien wie Blut zu testen, bestand der Kurator darauf, einen Haartrockner zu beschaffen. Nachdem ein feuchter Tupfer die Reliquie berührt hatte, mußten alle Spuren von Feuchtigkeit mit diesem Haartrockner sofort entfernt werden, bevor die Untersuchung fortgesetzt werden konnte.

Letztendlich, unter den wachsamen Augen sowohl des Kurators als auch Dr. Feathers, nahm ein Röntgentechniker

Röntgendiffraktions- und Fluoreszenztests vor, um die Struktur und Zusammensetzung der Speerspitze zu enthüllen. Dann gab Dr. Feather die Mengen an Daten und Informationen, die er gesammelt hatte, in seinen Computer zur Analyse ein. Die Ergebnisse, die schließlich aus dem Drucker ratterten, lieferten mehr Fragen als Antworten.

Es gab keine Spuren von Blut oder Haaren, die eine Verbindung mit der Kreuzigung hätten herstellen können. Der forensische Test enthüllte einige Hautzellen und sogar ein paar winzige Sporen und Partikel – aber nichts, das sich nicht in den Jahren der Ausstellung im Kunsthistorischen Museum mit den vielen Besuchern im Umfeld der Speerspitze hätte auf ihr absetzen können. Während der Silberdraht auf nach 600 n. Chr. datiert wurde, stammte die Silberummantelung wahrscheinlich aus dem elften Jahrhundert, und die goldene Ummantelung wurde weitere drei Jahrhunderte später angebracht.

Keiner dieser Fakten *bewies* jedoch, daß die Speerspitze, die im Laufe der Zeit zerbrochen und später repariert und verstärkt worden war, nicht alt genug hätte sein können, um zur Zeit Christi hergestellt worden zu sein. Es gab sichere Anzeichen, daß sie eher geschmiedet als gegossen worden war – ein eindeutiger Beweis für die Schmiedekunst jener Zeit –, obwohl sie etwas größer war als die Spitzen, die die römische Armee zu Beginn der christlichen Zeitrechnung benutzt hatte. Der merkwürdige Nagel in der Einkerbung verblüffte Dr. Feather am meisten, wie er später gegenüber der Journalistin Mary Ann Bird vom Magazin *Time* erzählte:

> Der angeblich bei der Kreuzigung benutzte Eisennagel, in die Klinge eingesetzt und mit kleinen Kupferkreuzen verziert, gleicht in Länge und Form einem römischen Nagel aus dem ersten Jahrhundert. Zwar können wir die eisernen Fragmente um ihn herum nicht datieren, aber die Kreuze sind von großer Bedeutung. Jemand markierte mit ihnen einen Be-

> reich, der Teile eines Nagels vom Kreuz enthalten soll. Das sind zwar alles nur Spekulationen, aber man kann das Gesagte nicht ausschließen. Einige Leute glauben daran, und der Glaube ist eine wundersame Sache.

Durch seine Tests in Wien glaubt Dr. Feather sagen zu können, daß die von ihm untersuchte Speerspitze ungefähr im siebten Jahrhundert hergestellt wurde – ein kleines bißchen früher als vom Museum geschätzt – und daß sie ein Fragment des Kreuzigungsnagels enthalten könnte. Er glaubt nicht, daß es eine erst vor einem halben Jahrhundert kreierte Fälschung ist, wie eine gewisse Geschichte behauptet hatte. Und ihn amüsieren die Gerüchte, nach denen der *echte* Speer entweder in den Händen der Amerikaner ist, wo seine Kraft diesen dazu verhalf, die Welt zu beherrschen, oder in der Antarktis versteckt wurde, von wo er in geraumer Zeit wiedergeholt wird, um beim Aufbau des Vierten Reiches behilflich zu sein.

Wenn es aber einen Gedanken gibt, der aus dieser Verwirrung von Mythen und Theorien heraussticht, dann ist es mit Sicherheit dieser: Ist es möglich, daß es mehr als ein Artefakt mit dem Namen »Der Speer des Schicksals« in verschiedenen Teilen der Welt gibt? Um die Antwort zu finden, ist es notwendig, in die Vergangenheit zu reisen, an jenen Punkt der Zeit, als der römische Zenturio Longinus seine unsterbliche Tat vollbrachte, und von dort dem Weg des Speers durch die Geschichte bis in die Gegenwart zu folgen.

Zwei

Der Mann, der den Messias durchbohrte

Der altgediente Zenturio hatte diesen Tag seit Wochen, ja Monaten erwartet. Seit er den Auftrag erhalten hatte, dem jüdischen Propheten über das Ödland und durch die Städte und Dörfer des Landes zu folgen, seine Aktivitäten zu beobachten und sie seinen Befehlshabern zu berichten, hatte er das Gefühl, daß alles auf einem Hügel wie diesem an einem Freitagmorgen enden könnte.

Natürlich hatte er schon einige Kreuzigungen gesehen – die Römer hatten diese Art der Bestrafung für Kriminelle und Feinde des römischen Staates schon seit über einem Jahrhundert angewendet –, aber bei dieser gab es etwas, das anders war. Die Gestalt, die nun an einem hölzernen Kreuz zwischen gewöhnlichen Dieben hing, war außergewöhnlich: Während alle drei ganz augenscheinlich von Schmerzen geplagt waren, zeigten die Kriminellen nur wenig *seiner* Gelassenheit und *seines* Mutes.

Gaius Cassius (wie er im apokryphen Nikodemus-Evangelium genannt wird) war diesem Mann zwei Jahre lang im Auftrag des Gouverneurs und Pro-Konsuls des von den Römern besetzten Judäa, Pontius Pilatus, auf der Spur. Sein Name war Jesus von Nazareth, und laut lokalen Gerüchten sollte er der lang erwartete Messias gewesen sein. Pontius Pilatus war der Meinung, daß er gegen die Autorität Roms predigte und eine ernste Bedrohung für die öffentliche Ruhe und Ordnung darstellte.

Über die Monate hatte der Zenturio Berichte seiner Beobachtungen an den römischen Pro-Konsul geschickt. Obwohl

Gaius' Sehkraft nicht gut war, hatte er den Mann nie an terroristischen Aktivitäten teilnehmen gesehen. Dieser Mann, der sich selbst Jesus von Nazareth nannte, predigte eine Botschaft von Liebe und Verständnis. Dem Zenturio erschien er voll und ganz als engagierter Lehrer oder Rabbi, und er hatte ihn nie wütend gesehen.

Obwohl Jesus eine Anzahl Anhänger um sich versammelte, die immer um ihn waren und er stets eine große Schar von Männern und Frauen anzog, wo immer er sich aufhielt, zweifelte Gaius nicht, daß dieser Mann von seiner Verfolgung wußte. Mehr als einmal hatte Jesus während einer Rede erkennend in seine Richtung gelächelt.

So einem Mann nachzuspionieren war nicht das, was Gaius Cassius geplant hatte, als er der Legion in Rom als junger Mann beitrat. Sein Vater und sein Großvater waren beide Soldaten gewesen, und er wollte in ihre Fußstapfen treten. Sein Wunsch war erfüllt worden, und er kämpfte unter dem Adlerbanner in Regionen um Rom sowie auf der anderen Seite des Meeres im Osten und in Ägypten.

Wo auch immer er postiert wurde, er war nie ohne einen Speer, den laut Nikodemus-Evangelium ursprünglich Julius Caesar seinem Großvater als besondere Auszeichnung für den Mut des Legionärs während der Eroberung Gauls verliehen hatte. Als eine *Hasta* (langer Speer) trug er eine Eisenspitze an einem Hartholzschaft, zweimal so lang wie sein Körper. Gaius' Vater hatte dieselbe Lanze getragen, als dieser Soldat für Germanicus Caesar war, und er gab sie ihm, als er der Armee beitrat. Sie schien immer scharf, rostete nie und besaß aufgrund ihrer Geschichte fast magische Kräfte für ihren Besitzer. Jedenfalls hatte sie Gaius sicher durch eine Reihe gefährlicher Situationen vor seiner letzten Stationierung in Judäa gebracht.

Wegen des sich entwickelnden Grauen Stars in beiden Augen, wahrscheinlich hervorgerufen von den jahrelangen Kämpfen unter der hellen Sonne und in den Sandstürmen der Wüsten im Nahen Osten, waren seine Tage als Soldat gezählt. Aber er war ein treuer und engagierter Soldat seines Landes und man fand für ihn eine Anstellung im von Konflikten zerrissenen Land der Juden – ein Auftrag, über die religiöse und politische Szene Jerusalems und der angrenzenden Gebiete zu berichten. Es war überwiegend eine einfache Aufgabe. Der Rabbi Jesus hatte nicht versucht, sich zu verstecken, und die große Anzahl der Menschen, die ihm folgten oder darauf warteten, daß er sprach, machten es einfach, ihn im Auge zu behalten, sogar für jemanden wie ihn mit schlechter Sehkraft. Es war auch nicht schwierig gewesen, in den letzten Stunden des Mannes anwesend zu sein.

Cassius war sogar Augenzeuge des kompletten Verlaufs des Dramas seit der Festnahme Jesu geworden. Er war am Tag davor anwesend, als Jesus vor dem Sanhedrin der Prozeß gemacht wurde, und er hatte sogar gezuckt, als ihn ein Soldat ins Gesicht geschlagen hatte, als Jesu während der Befragung durch Caiaphas, den Hohepriester, schwieg. Am nächsten Morgen stand er bei Sonnenaufgang auf, um zu sehen, wie die verprügelte und mit blauen Flecken übersäte Gestalt durch Jerusalem zum Prätorium in der Festung Antonia, dem Regierungssitz des Pontius Pilatus, geführt wurde. Wieder hatte Jesus geschwiegen, als Cassius' Herr, Pontius Pilatus, die Verantwortung für die unvermeidliche Exekution an Herod, den König von Judäa, weitergab. Später hörte der Zenturio die Rufe der Menge vor dem Prätorium, als Pontius Pilatus die Freilassung von Barabbas, dem Räuber, veranlaßte und Jesus zu Geißelung und Kreuzigung verurteilte.

Er wußte, daß die Kreuzigung eine solch erniedrigende Form der Bestrafung war, daß sie nie an Bürgern Roms angewendet wurde, sondern nur für Sklaven oder Menschen außerhalb der Würde des römischen Bürgertums bestimmt war. Die Schwierigkeit im Falle Jesus war, daß unter jüdischem Gesetz kein Mann am Sabbat hingerichtet werden durfte, vor allem nicht vor dem Passah-Fest. Wenn ein Gefangener bei Einbruch der Dunkelheit noch am Leben war, mußten die römischen Behörden einen schnellen Tod herbeiführen, was normalerweise durch Brechen der Beine des Opfers geschah.

Pontius Pilatus zögerte nicht, im Fall Jesus einer solchen Forderung zuzustimmen, besonders weil er begierig darauf war, den Judäern zu beweisen, daß dieser Mann kein Messias war, sondern ein einfacher Ketzer aus Fleisch und Blut wie sie selber.

Ein römischer Legionär, wie Gaius selbst, nahm die Geißelung vor. Er nahm dem Gefangenen die Kleidung ab und band seine Hände an einen Pfahl über seinem Kopf, schlug dann mit einem Flagrum – einer kurzen Peitsche aus mehreren festen Lederriemen mit zwei kleinen Eisenstückchen nahe den Enden jedes Riemens – mit voller Gewalt wieder und wieder auf Jesus'

Darstellung des Longinus mit seinem Speer auf einer alten Freske

Schultern, Rücken und Beine. Gaius konnte sogar mit seinen schwachen Augen das aufgerissene Fleisch und das herausspritzende Blut sehen; und Jesus war eher tot als lebendig, als der verantwortliche Offizier anordnete, das Auspeitschen zu beenden.

Es folgte eine schreckliche Szene, in der römische Soldaten den Mann verspotten, der behauptete, der König der Juden zu sein. Sie warfen eine Robe über seine Schultern und drückten eine Dornenkrone aus flexiblen Zweigen – die sonst zum Feuermachen benutzt wurden – in seine Kopfhaut. Der altgediente Legionär sah auch, wie die Robe, die sich in den Wunden festgeklebt hatte, von seinem Rücken gerissen wurde und nun Hautstücke und Blut mitriß, und er beobachtete auch, wie das schwere Patibulum vom Kreuz auf seine Schultern gelegt wurde.

Gaius bewegte sich nicht, als Jesus und die anderen beiden Gefangenen, später offenbar Gestas und Dismas benannt, aufgereiht wurden, um ihre Reise nach Golgota, »die Schädelstätte«, anzutreten. Am Kopf der Gruppe standen die Tempelwächter mit Herods Speer. Dieser Speer war das Symbol ihrer Macht, die Kreuzigung zu vollziehen, ein Akt, den die römischen Soldaten und ihr Zenturio nicht allein vornehmen durften.

Als sich die Hinrichtungsgruppe auf ihren 600 Meter langen Weg von der Festung Antonia nach Golgota begab, bemerkte Gaius, daß Jesus jeder Schritt höllische Qualen bescherte. Er sah ihn mehrmals stolpern und fallen und schließlich in den Staub sinken. Ein Mann aus der Menge – der Zenturio fand später heraus, daß es Simon von Cyrene aus Nordafrika war – wurde vom römischen Zenturio beauftragt, das Kreuz die letzten paar Meter des Weges zu tragen.

In Golgota angekommen, wurde Jesus biblischen Quellen zufolge ein einziger Akt der Freundlichkeit zuteil: Man bot ihm eine schmerzstillende Mischung aus Wein und Myrrhe an, aber er weigerte sich zu trinken. Einer der Männer stieß ihn deshalb rücklings an das Kreuz. Mit geübter Hand trieb er schwere, gehämmerte Eisennägel durch beide Handgelenke des Gefangenen. Gaius sah zu, als das Kreuz in Position gehoben wurde. Der Römer preßte Jesus' linken Fuß gegen den rechten Fuß und trieb einen dritten Eisennagel durch beide hindurch tief in das Holz.

Erst als das vorbei war, fiel Gaius auf, daß die Wächter ein Schild an das Kreuz genagelt hatten, das die Auschrift »Der König der Juden« trug. Noch während er dies las, sah er, wie der Mann am Kreuz auf die Nägel, die durch seine Handgelenke getrieben worden waren, herabsank, als hätte er weder die Kraft noch den Willen, dies zu verhindern. Der alte Soldat wußte: Selbst wenn Jesus versucht hätte, sich hochzudrücken, um sich vom Gewicht des eigenen Körpers zu entlasten, hätte der Schmerz in seinen Füßen und im übrigen Körper die Lage nur noch verschlimmert.

Eine Zeitlang stand Gaius Cassius gedankenverloren da. Nie zuvor hatte er soviel Mut und Würde im Gesicht eines Gekreuzigten gesehen. Er wußte, daß dieser außergewöhnliche Mann, den er so lange verfolgt hatte, bald sterben würde, aber er konnte sich nicht von seinem Anblick losreißen. Er konnte die Anstrengung sehen, mit der Jesus versuchte, seinen Körper anzuheben, um kurz Atem zu holen, und er hörte die Worte, die er in den letzten Minuten seines Lebens sprach.

Der Zenturio beobachtete, wie Jesus auf die römischen Soldaten neben dem Kreuz hinuntersah und sagte: »Vater, vergib ihnen, denn sie wissen nicht, was sie tun.« Sich an den reuigen Dieb wendend, sprach er: »Heute sollst du mit mir im Paradies sein.« Dann, nach unten blickend, sprach er zu einer Gruppe Frauen um Maria, seine Mutter: »Frau, siehe deinen Sohn.« Und zu einem seiner Anhänger, Johannes, der neben ihnen stand, flüsterte er: »Siehe deine Mutter.« Es folgte ein Schrei des gekreuzigten Mannes, der über die Hügel von Golgota hallte, sich in Gaius Cassius' Kopf bohrte und dort für den Rest seines

Lebens blieb: »Mein Gott, mein Gott, warum hast du mich verlassen?«

Schreckliche Schmerzen überkamen Jesus offensichtlich, als – wie die Jünger Matthäus und Lukas später beschrieben – Dunkelheit über die Welt kam.

Der Römer konnte sich noch immer nicht zum Gehen zwingen, sogar dann nicht, als langsam der Atem des sterbenden Mannes erstarb. Dann hörte Gaius Cassius einen weiteren keuchenden Schrei: »Mich dürstet«. In diesem Moment – er wäre beinahe selbst nach vorne getreten – hielt ein Wächter einen Schwamm, der in *Posca* getaucht war – einen billigen, sauren Wein, der Teil der Ernährung aller Legionäre war –, an Jesus' Lippen. Dieses Mal trank er einen Schluck. Es gab eine Pause, dann sagte er: »Es ist vollbracht.«

Aber das schreckliche Drama war noch nicht ganz vorbei. Mit letzter Kraft drückte Jesus seine zerschundenen Füße gegen den Nagel, der sie beide durchstieß, und schrie: »Vater, in deine Hände begebe ich meinen Geist.«

Die Wächter zeigten keinerlei Anzeichen, diese letzten Worte gehört zu haben. Statt dessen bereiteten sie sich auf den letzten Akt der Kreuzigung vor der Dunkelheit vor: die »Crura Fracta« – das Brechen der Beine der Männer am Kreuz, um zu verhindern, daß sie sich hochdrücken und die Brustmuskeln entspannten. Gaius Cassius wußte, daß dann der Erstickungstod eintrat.

Die Beine von Gestas und Dismas wurden brutal von Soldaten gebrochen, die das bereits viele Male zuvor getan hatten. Aber als einer von ihnen auf Jesus zuging, schritt die Figur im Schatten des Kreuzes, die die Vorkommnisse den ganzen Tag beobachtet hatte, endlich ein. Gaius nahm den Speer seines Großvaters fest in die Hände und trat nach vorne. Ohne einen Moment zu zögern, trieb er ihn zwischen die vierte und fünfte Rippe des Mannes, den er die letzten zwei Jahre kaum aus den Augen gelassen hatte.

Jetzt war es vorbei.

Aber eine Legende hatte gerade begonnen …

Später war im Johannes-Evangelium, 19,34, zu lesen: »… einer der Soldaten stieß mit dem Speer in seine Seite, und sogleich kam Blut und Wasser heraus«. Hier haben wir den eindeutigen Beweis, daß Gaius Cassius' Stoß durch das Pericardium ins Herz ging, was ein Herausfließen von Flüssigkeit aus dem Herzbeutel und des Blutes aus dem Inneren des Herzen verursachte. Es beweist auch, daß Jesus nicht den üblichen Kreuzigungstod durch Ersticken starb, sondern an Herzstillstand durch Schock und einer Einengung des Herzens durch Flüssigkeit im Pericardium.

Eine solche medizinische Erklärung wäre freilich zu viel für das Verständnis dieses römischen Mannes gewesen, dessen einfaches Motiv es war, das Leiden des gekreuzigten Jesus zu beenden. Ob Cassius danach die Stätte seiner Barmherzigkeitstat verließ oder darauf wartete, daß die Körper von den Kreuzen genommen wurden, wie es vom Gesetz vorgeschrieben war, ist nicht bekannt.

Es ist aber bekannt, daß Herods Speer, der der Kreuzigung aufgrund seiner Herkunft eine gewisse Bedeutung verliehen hatte, bald zum Tempel in Jerusalem zurückgebracht wurde, wo Caiaphas und die anderen Priester auf die Nachricht warteten, daß der lästige Messias nicht mehr am Leben war. Die Autorität, die er symbolisierte, verging allerdings mit der seines Besitzers. Dem Speer, den Gaius Cassius benutzt hatte, um den sterbenden Christus zu durchbohren, war ein ganz anderes Schicksal bestimmt.

Man muß zugeben, daß viele der Beweise in bezug auf das Leben des Gaius Cassius auf Hörensagen und unvollständigen Berichten basieren, aber die zentralen Fakten zu seiner Anwesenheit bei der Kreuzigung von Jesus Christus und zu seiner Tat mit dem Speer werden nicht bezweifelt. Doch auch die weiteren

Informationen sind es wert, untersucht zu werden, um die Stükke der späteren Ereignisse um den bemerkenswerten Speer des Zenturios zusammenzufügen.

Es scheint offensichtlich, daß dieser Zenturio kein hartherziger Soldat war, sondern ein Mann mit starken Emotionen, bewegt von den Ereignissen, die er an jenem Tag auf Golgota sah. Seine Taten weisen ihn als jemanden aus, der für den mutigen Jesus nicht dieselbe Erniedrigung wie für die beiden Diebe wünschte und deshalb nach vorne trat, um mit einem schnellen Stoß in die Brust zu zeigen, daß der Mann bereits tot war. Eine solche Vorgehensweise war unter römischen Soldaten sehr verbreitet, wenn es darum ging zu demonstrieren, daß ein Feind, der auf dem Schlachtfeld gut gekämpft hatte, schon tot war und ihm eine weitere Erniedrigung erspart werden sollte.

Leider gibt es keine Informationen über den Geburtsort Gaius Cassius, obwohl manche sagen, daß er germanischer Herkunft sein könnte. Sicher ist, daß er aus einer Soldatenfamilie stammte und die Militärausbildung praktisch mit der Muttermilch eingeflößt bekam. Er hat wahrscheinlich eine Dienstzeit von zwölf Jahren abgeleistet, die von allen Legionären gefordert wurde. Nach dieser Zeit, wenn ein Mann die Härte und Gefahren des Militärdienstes überlebt hatte, konnte er auf einen Auftrag als Zenturio hoffen. Gaius' beeindruckende Liste von Feldzügen deutet darauf hin, daß er mit Sicherheit seine Zeit abgedient hatte, er wahrscheinlich hochgeschätzt war und aufgrund seiner Verdienste letztlich als Spion beschäftigt wurde, damit er nicht als Invalide aus dem Dienst ausscheiden mußte.

Der Akt der Gnade, den er auf Golgota zeigte, wurde bald zum Beweis für die Anhänger Jesus', daß ihr Anführer der Messias war. Er erfüllte zwei der Prophezeiungen von Sacharja im Alten Testament, die Sein Kommen bestätigen: »Nicht eines seiner Gebeine wird zerbrochen« und »Sie werden ihn, den sie durchbohrt haben, ansehen«.

Die Kreuzigung hatte offensichtlich eine traumatische Wirkung auf Gaius Cassius, dessen Name ursprünglich nicht bekannt war, bis er später in Vers 7, 8 des Nikodemus-Evangelium (auch *Acta Pilati* genannt und im sechsten Jahrhundert geschrieben) sowie auch in den Schriften des griechischen Patriarchen Germanus im Jahr 715 auftauchte, was den Gedanken, er könnte germanischer Herkunft sein, erklären könnte. Beide Quellen nennen ihn jedoch fälschlicherweise Longinus, ein Begriff, der mit großer Sicherheit von dem griechischen Wort »Longche« für »Speer« ins Lateinische übernommen wurde. Spätere Schriftsteller kombinierten dieses Wort mit seinem wahren Namen, indem sie ihn Gaius Cassius Longinus nannten.

Es ist außerdem offensichtlich, daß Folklore und Legende sich bald mit der Lebensgeschichte des Zenturios und dem Schicksal des »Speers des Longinus«, als der er bekannt wurde, beschäftigten. All diese Quellen stimmen darin überein, daß der römische Zenturio aufgrund seiner Erfahrungen zum Christentum wechselte, inspiriert von den Ereignissen, deren Zeuge er war, und aufgrund der ominösen Sonnenfinsternis, die vor Jesus' Tod stattfand.

Ein Bericht seiner Bekehrung besagt, daß sofort, nachdem Gaius Jesus' Körper durchbohrt hatte, er vor dem Kreuz auf die Knie fiel. Als er hochsah, tropfte etwas Blut und Lymphe (Gewebeflüssigkeit) in seine Augen, und seine Sehkraft wurde wie durch ein Wunder wiederhergestellt. Laut Matthäus (27, 47) und Markus (15, 39) rief der Römer aus: »Wahrlich, dieser Mensch ist Gottes Sohn gewesen!«, während Lukas (23, 47) zitiert: »Fürwahr, dieser ist ein frommer Mensch gewesen!«

Unmittelbar nach der Kreuzigung ging Gaius zur Festung Antonia und bat Pontius Pilatus um Enthebung von seinen Pflichten. Nach dem Ausscheiden aus der Armee suchte er nach einigen Menschen, die er als Anhänger Jesus' gesehen hatte, und verbrachte mehrere Monate damit, seine Lehren zu verinnerlichen. Gaius wurde später Mönch in der alten römischen Stadt Mazarca in Kappadokien, wo sich heute die türkische Stadt

Kayseri befindet, und reiste weit umher, um die Botschaft des Christentums zu predigen. Mit seiner rechten Hand umklammerte er den schicksalhaften Speer – dies festigte seinen Entschluß und inspirierte seine Mission.

Eine weitere Legende zur Person von Gaius Cassius behauptet, daß er bald genau wie Jesus mit dem Gesetz in Konflikt geriet. Jetzt wurde *er* ausspioniert und verhaftet und vor die Behörden in Caesarea gestellt. Auch er widerstand all den Folterungen und Qualen, durch die er seinen neuen Glauben aufgeben sollte, sogar als man ihm die Zähne herausbrach und die Zunge herausschnitt. Trotzdem – so besagt die Legende – konnte Gaius noch sprechen, und er benutzte seinen Speer, um heidnische Symbole vor den Augen des römischen Gouverneurs zu zerstören.

Dieses spezielle Stück Hagiografie liefert auch eine Version von Gaius' Tod und Märtyrertum. Denn man sagt, daß beim Zerbrechen der heidnischen Gottesbildnisse die in ihnen lebende Dämonen entwichen, den Gouverneur angriffen, ihn so seiner Sehkraft beraubten und er verrückt wurde. Der ehemalige Zenturio informierte den unglücklichen Mann, der sich vor seinen Füßen krümmte, daß er seine Sehkraft erst nach Gaius Cassius' Tod wiedererlangen würde. Als der Gouverneur das hörte, fand er seine Fassung wieder und verlangte Gaius Cassius' sofortige Exekution. Die Legende besagt:

> Und der Gouverneur verlangte seine Enthauptung. Als sein Kopf vom Körper fiel, spritzte ein wenig von seinem Blut in die Augen des Gouverneurs, und seine Sehkraft war sofort wiederhergestellt. Mit diesem Wunder wurde er zum christlichen Glauben konvertiert, genau wie Longinus bei der Kreuzigung Christi.

Nach seinem Tod wird die Geschichte um Gaius Cassius Longinus noch merkwürdiger. Sabine Baring-Gould, anglikanischer Geistlicher und Komponist der berühmten Hymne *Onward, Christian Soldiers*, veröffentlichte 1914 eine detaillierte Biographie seines Lebens für seine Ausgabe von *The Lives of the Saints*. Zwischen seinen Pflichten als Gemeindepriester in Devon faszinierten Baring-Gould die Verbindungen zwischen Mythologie und Theologie, und er durchsuchte viele altertümliche Dokumente nach Fakten und Hinweisen zu diesen Themen und besonders in Hinblick auf den römischen »Speermann«. Er war nicht überrascht, in dem frühen anonymen Werk *The Latin Acts of Saint Longinus*, das Unwahrscheinliches mit Unmöglichem verband, sehr widersprüchliche Angaben zu finden, wie er in einem Eintrag in *The Lives of the Saints* deutlich machte:

> Man behauptet, daß der Körper von S. Longinus bei Mantua im Jahre 1304 gefunden wurde, zusammen mit einem Schwamm, befleckt mit dem Blut Christi, mit dem er den Körper des Herrn säubern half, als er vom Kreuz genommen wurde. Diese Reliquien wurden an verschiedenen Orten verteilt. Teile sind in Prag, andere in Carlstein, der Körper im Vatikan in Rom. Aber die Sardinier versichern, daß sie im Besitz des Körpers von S. Longinus sind, gefunden auf ihrer Insel, auf der er unter Nero litt. Und die Griechen sagen, er litt in Gabala in Kappadokien. Der Kopf soll auch in Jerusalem gefunden und nach Kappadokien gebracht worden sein.

Während dieser Auszug deutlich macht, daß der Verbleib des Körpers Gaius Cassius Longinus' wahrscheinlich nie geklärt werden wird, ist der weitere Weg des Speers, der die Seite Christi durchbohrt haben soll, weitaus besser dokumentiert. Er führt zu einer unscheinbaren Stelle hoch oben in den Bergen der Schweizer Alpen und ist verbunden mit einer Schar Soldaten, die als »Die donnernde Legion« bekannt war.

Drei

Saint-Maurice und die Thebaische Legion

Zwei Straßen folgen der gewundenen Rhône durch die Schweizer Alpen auf ihrem Weg nach Italien. Zum einen gibt es die direkte N9-Maut-Autobahn, die den Autofahrer aus Genf mit Ziel Mailand oder weiter südlich schnell voranbringt, und zum anderen die sich sanft schlängelnde ältere Hauptstraße No. 9, die bei Chillon in die Berge und im Schatten des 4478 Meter hohen Matterhorns vorbei ins Flachland zum Ufer des Lago Maggiore führt.

Die ruhigere der Strecken durch das Kanton Wallis wird von den Autofahrern benutzt, die die spektakuläre Sicht auf den Rochers-de-Naye genießen wollen oder einen Blick auf den Pas des Morgans oder die treffend benannten Les Diablerets werfen möchten. Diese Straße folgt einer Verbindung, auf der die Menschheit seit Jahrhunderten von einer Grenze zur nächsten wechselte, schon seit den Tagen der Römer und sogar noch früher. Auf ihr kann der Autofahrer auch einen der ältesten Orte besuchen, der mit dem »Speer des Schicksals« in Zusammenhang gebracht wird.

Das Objekt, nach dem man Ausschau halten muß, ist das Ortsschild der Stadt Saint-Maurice, ca. drei Kilometer südlich des geschäftigen, zentralen Bex, in einem schmalen Teil des Tales gelegen, die von den Dents du Midi (3239 Meter) auf der einen Seite und dem Dent de Morcles (2969 Meter) auf der anderen umrahmt wird. Die altertümliche Stadt ist nicht schwer zu finden, denn sie steht an einer Stelle, an der die Rhône schmaler wird und die Römer bei einem ihrer frühesten Eroberungsmärsche in den Norden eine Brücke bauen mußten. Dieses imposante Bauwerk ist der erste Hinweis, daß hier ein geschichtsträchtiger Ort liegt. Der zweite Hinweis liegt im Namen.

Saint-Maurice gedenkt eines Krieger-Heiligen, der in der Nähe um 287 n. Chr. den Märtyrertod starb. Die Geschichte seines grausamen Schicksals mag zwar nicht so bekannt sein, wie sie es verdient hätte, aber seinen Name findet man auf der ganzen Welt. Bei der letzten Zählung kam man auf 598 Kirchen, 74 Städte und vier Kathedralen, die seinen Namen tragen, nicht zu vergessen die zwei Länder, Mauretanien und Mauritius, die nach ihm benannt sind. Der römische Kaiser, der seine Ermordung befahl und die Tat mit schrecklicher Brutalität ausführen ließ, ist zum Glück in Vergessenheit geraten.

In römischen Zeiten hieß Saint-Maurice Agaunum, wurde wegen seiner Lage die erste Hauptstadt der Region und diente als wichtiges Kommunikationszentrum. Erschöpfte Legionäre kamen hier bei ihrer Rückkehr aus den Kriegen in Westeuropa vorbei, und neue Truppen marschierten in die entgegengesetzte Richtung, um die heidnischen Horden in Frankreich und Deutschland niederzuschlagen.

Chef einer dieser Truppen war ein Kommandeur namens Mauritius, der eine ungewöhnliche Lanze mit sich führte. Sein Schicksal nahe der kleinen malerischen Stadt ließ eine Legende entstehen, die sowohl für ihn als auch für den Ort einen einzigartigen Platz in der Geschichte reservieren sollte.

Der Ort, an dem der Kommandant und seine Männer sich den Befehlen ihres Kaisers widersetzten und dafür mit dem Leben bezahlten, war eine Felsklippe an den Ufern der Rhône. Etwas mehr als ein halbes Jahrhundert später fand Theodorus, Bischof von Octudurum (heute die Stadt Martigny), der von ihrem Märtyrerdasein gehört hatte, dort die Überreste von Mauritius und einigen seiner Offiziere, zu denen auch Candidus,

Exuperius und Vitalis gehörten. Um 350 errichtete Theodorus eine Basilika auf den Klippen, um der blutigen Tat zu gedenken. Die Überbleibsel dieses Schreins sind noch immer zu besichtigen in der romanischen Abtei, die danach im Jahre 515 auf von König Sigismund von Burgund gespendetem Land gebaut wurde. (Burgunds Könige machten die Stadt mehrere Jahrhunderte lang zu ihrem Hauptsitz.) Heute ist das Gebäude, das oft verändert und rekonstruiert wurde, das älteste christliche Bauwerk der Schweiz und die älteste noch stehende Abtei nördlich der Alpen.

Die Abbaye de Saint-Maurice wurde zu einem Zentrum für Pilger und hat schon immer Besucher aus ganz Europa angezogen, die Geschenke aus Gold und Silber sowie herrliche mittelalterliche Schatullen und Reliquien mitbrachten. Unter ihnen befinden sich die prächtige »Schatulle von Theoderich«, ein wunderschöner filigraner, silberner »Arm von St. Bernard« und eine bemerkenswerte Silberbüste des Heiligen Candidus, des Offiziers, der später wegen der Vorkommnisse 287 n. Chr. heilig gesprochen wurde.

Eine Reliquie von Mauritius in der Abtei von Saint-Maurice

Ein vergoldeter Wasserbehälter aus dem Mittelalter, ein Geschenk von Karl dem Großen, ist von besonderem Interesse für die Anhänger der Legende des Heiligen Speers.

Der Kult von Saint-Maurice hat sich seitdem über die ganze Schweiz ausgebreitet, die Rhône entlang in das nördliche Italien und wird mit einem eigenen Feiertag am 22. September begangen. Um diesen Tag zu bezeichnen, wurde das *laus perennis* (»unaufhörliches Lob«) von Konstantinopel in Auftrag gegeben, es wird immer noch regelmäßig in der Abtei gesungen.

Aber in der Geschichte von Maurice und seinen Legionären liegt ein Rätsel verborgen: Was ist mit dem Speer geschehen, den er überall mit sich hin nahm und der ihn veranlaßte, das römische Gesetz zu brechen?

Es gibt verschiedene Meinungen zum Verbleib des Speers nach Gaius Cassius Longinus' Ermordung durch den römischen Gouverneur in Caesarea. Eine Legende besagt, daß er von Herod beschlagnahmt wurde, der von der rätselhaften Heilung des fast blinden römischen Zenturios gehört hatte. Der grausame und ehrgeizige König von Judäa soll sehr darauf bedacht gewesen sein, alles an sich zu reißen und zu zerstören, das die Göttlichkeit Jesus hätte verraten können. Sollte das stimmen, hätte er aber letzten Endes ganz offensichtlich versagt.

Eine weitere Geschichte besagt, daß die Lanze in den Besitz von Josef von Arimathäa kam, einem wohlhabenden Juden und Mitglied des Sanhedrins, der ein geheimer Anhänger Jesus' war. Am Abend der Kreuzigung hatte er Pontius Pilatus um den Körper des toten Mannes gebeten und ihm eine würdige Beerdigung in seiner eigenen Grabstätte zukommen lassen – ein Akt, für den ihn das Christentum seither verehrte.

Nach dieser Darstellung nahm Josef den Becher, aus dem Jesus beim Letzten Abendmahl getrunken hatte, und brachte ihn nach Golgota. Als Longinus den Körper Jesus' durchbohrte, fing er etwas von dem Blut in dem Gefäß auf und schuf damit die Legende vom Heiligen Gral. Hochwürden Ebenezer Cobham Brewer, der Europas Geschichte nach unzähligen Traditionen durchkämmte, um seinen Klassiker *Dictionary of Phrase and Fable* (1870) zu vollenden, schrieb, daß Josef einige Jahre lang im Besitz sowohl des Grals als auch des Speers war:

> Die Legende besagt, daß Josef zwölf Jahre lang inhaftiert war, wie durch ein Wunder durch den Heiligen Gral am Leben blieb und bei seiner Freilassung durch Vespasian, ca. 63, den Gral und den Speer, mit dem Longinus den gekreuzigten Heiland verwundet hatte, nach Großbritannien brachte, die Abbey of Glastonbury gründete und von dort aus die Missionierung Großbritanniens begann.

Im Rahmen der Erzählung, wie Josef und seine Nachkommen in den folgenden Jahren zu den Wächtern des Heiligen Grals in England wurden, berichtet Brewer auch von einer weiteren Legende in bezug auf die zwei Reliquien:

> Josef von Arimathäa brachte den Sanctgraal und außerdem den Speer, mit dem Longinus den Heiland erstochen hatte, nach Listenise. Als Sir Balin in seine Kammer im Palast König Pellams trat, fand er sie »wundervoll und reich hergerichtet; das Bett war mit goldverzierten Tüchern versehen, den kostbarsten, die man hätte kaufen können, und daneben stand ein Tisch aus reinstem Gold, mit vier Säulen aus Silber, und auf dem Tisch stand der Speer, wundersam geschmiedet«. (*The History of Prince Arthur*, Teil I, Kapitel 40)

Wie ich im nächsten Kapitel zeigen werde, existiert eine Überlieferung, wonach der Speer in Großbritannien sein soll, deren Wurzeln aber erst 900 Jahre nach diesem Datum liegen. In dem Bericht wird außerdem erklärt, daß die heilige Reliquie das Land vom europäischen Kontinent aus erreichte. Nichtsdestotrotz ist die Geschichte Josefs ein weiteres Beispiel für die Gerüchte und Mythen, die schnell um den Speer entstanden.

Es wurde sogar behauptet, daß der Speer nach Gaius Cassius' Ausscheiden aus der römischen Legion von einem Soldaten zum anderen weitergegeben wurde. Cassius habe seine Militärbekleidung, die Rüstung und die Waffen abgeben müssen, und weil ein Speer zur Standardausrüstung einer Legion gehörte, könnte es sein, daß er diesen einfach an einen anderen Legionär weitergegeben habe. Wenn man aber die besondere Geschichte dieser Waffe in seiner Familie betrachtet, erscheint es sehr unwahrscheinlich, daß er sich von ihr getrennt hätte.

Was sich beweisen läßt, ist, daß der Speer in den Besitz des Offiziers Mauritius gelangte. Der beste Bericht über sein Leben ist die *Passio Martyrum Acaunensium* (»Die Passion der Märtyrer von Agaunum«), verfaßt von Eucherius von Lyon, einem französischem Bischof aus dem fünften Jahrhundert. In ihm steht, daß Mauritius die Geschichte des Speers bekannt war und er an dessen Schicksalsmacht glaubte. Seine Symbolik half seinen Glauben zu stärken, als er sich weigerte, Befehlen seines höchsten Vorgesetzten, Kaiser Markus Aurelius Maximian, zu gehorchen.

Der Bischof berichtet nichts aus Mauritius' frühem Leben und sagt nichts über das unglaubwürdige Gerücht, er sei ein direkter Nachkomme der Familie Gaius Cassius' gewesen, der den Speer nachfolgenden Generationen vererbt habe. In seiner Erzählung treffen wir Mauritius erst im Frühling des Jahres 286, als er zum Kommandanten der Thebaischen Legion, der *Alkateeba al Teebia* (alternativ auch *Alksteeba al-sa'eedia*), ernannt wurde. Die Einheit wurde so genannt, weil ihre Männer alle in Theben im oberen Ägypten eingezogen worden waren und jeder einzelne von ihnen Christ war.

Die wirkliche Anzahl der Männer, die in der Thebaischen Legion kämpften, ist umstritten. Die Zahlen variieren von wenigen Tausend bis über 6600 im Großteil der vorliegenden Berichte. Keinen Zweifel hingegen gibt es an dem fast fanatischen Christentum der Gegend, aus der die Legionäre stammten. Frühere, hier lebende Generationen hatten schreckliche Verfolgungen mit großer Kraft überstanden und gehorchten ihren Priestern, die allgemein als »Wüstenväter« bekannt waren, ohne Widerspruch.

Einige Monate lang war diese neue Legion im Osten einquartiert, wo sie unter ihrem Kommandanten Mauritius und seinen Leutnants Candidus (*senator militum* – erster Befehlsoffizier) und Experius (zweiter Leutnant) ausgebildet wurden. Dann erhielten sie Befehle von Maximian, dem Kaiser des römischen Reiches, der zusammen mit Gaius Diocletian für das Kaiserreich verantwortlich zeichnete. Sie sollten nach Gaul marschieren, um dort einen Rebellenaufstand niederzuschlagen. Bischof Eucherius beschreibt die Szene des Dramas, das folgen sollte, in der *Passio Martyrum Acaunensium*, wahrscheinlich auf der Grundlage eines mündlichen Berichts eines Bischofs aus dem vierten Jahrhundert:

> Hier ist die Geschichte der Passion der Heiligen Märtyrer, die Agaunum mit ihrem Blut berühmt gemacht haben. In Ehrung dieses heldenhaften Märtyrertums erzählen wir die Reihenfolge der Vorkommnisse so, wie sie uns zu Ohren gekommen ist. Wir hören oft, daß ein bestimmter Ort oder eine bestimmte Stadt hoch verehrt wird wegen eines einzelnen Märtyrers, der dort starb – und ganz richtig, denn in jedem Fall gab der Heilige seine wertvolle Seele dem höchsten Gott. Wie viel mehr soll dieser geheiligte Ort Agaunum verehrt werden, wo doch so viele tausende Märtyrer hier ermordet wurden, mit dem Schwert, für Christus?

Nachdem sie Kaiser Maximians Befehl erhalten hatten, segelten die Thebaischen Legionäre von Ägypten nach Rom und marschierten dann durch Norditalien zum heutigen St.-Bernard-

Paß. Beim Passieren der Dörfer und Städte glänzten ihre Rüstungen so sehr im Sonnenlicht und stampften ihre Füße so hart auf dem Boden, daß die Einheit den Beinamen »Die donnernde Legion« erhielten.

Die gewaltige Einheit ägyptischer Soldaten überquerte den Paß und schlug ihr Lager in der Nähe von Agaunum auf in Erwartung weiterer Befehle des Kaisers Maximian, der mit seiner Armee schon in Octudurum stationiert war. Erst als die Thebaischen Legionäre das Lager erreicht hatten, erfuhren sie, daß sie eine Gruppe rebellierender christlicher Bauern, als »Bagaude« bekannt, attackieren sollten und daß es ihre Mission war, das Christentum in Gaul auszurotten.

Das war aber noch nicht alles. Sie sollten außerdem mit dem Rest der kaiserlichen Soldaten zusammen den römischen Göttern Opfer darbringen, um sich den Sieg zu sichern – eine weit verbreitete Prozedur unter Legionären, aber auch eine, die des Kaisers behauptete Göttlichkeit anerkannte. Laut Bischof Eucherius »stand Mauritius vor seinen Männern und, den Speer des Longinus drohend in der Hand haltend, erinnerte er an Ihn, der durch ihn starb, und sagte ihnen, daß es eine Sünde sei, gegen ihre Brüder zu kämpfen«.

Auf den Beifallssturm nach seiner Ankündigung folgte die Entscheidung, im Lager zu bleiben und den Kampf zu verweigern. Mauritius fürchtete die Antwort auf diese Entscheidung – wie sich herausstellte, mit Recht.

Sobald die Botschaft der thebaischen Entscheidung den Kaiser erreicht hatte, schickte dieser eine Nachricht zurück, in der er die schlimmste Vergeltung androhte, sollten die Männer seinem Befehl nicht gehorchen. Zweimal antwortete Mauritius, daß die Männer ihren Glauben nicht leugnen könnten. Dann traf die Nachricht ein, die er vorausgesehen und am meisten gefürchtet hatte: Sollten sie nicht gehorchen, würde Maximian seine Armee dezimieren – das heißt, einer von zehn Männern würde hingerichtet werden. Und wenn sein Befehl dann immer noch nicht befolgt würde, dann würde ein zweites, ähnliches Gemetzel folgen.

Der Glaube der »donnernden Legion« sollte bald vollends auf die Probe gestellt werden, wie ein anderer Bericht des Dramas in dem Klassiker *Book of Martyrs* (1554) des englischen Theologen John Foxe beschreibt:

> Die Namen der Soldaten wurden auf Zettel geschrieben und in die Helme der Zenturios geworfen; 600 von ihnen traf das Schicksal, getötet zu werden. Diese umarmten ihre Kameraden, die ihnen Mut machten und sie sogar um ihr Schicksal beneideten. Die Ebene war bald in das Blut der Märtyrer getaucht. Die Überlebenden bestanden immer noch darauf, sich selbst Christen zu nennen, und das Gemetzel begann erneut; das Blut von weiteren 600 Männern färbte das Wasser der Rhône rot. Auch diese zweite Bestrafung hinterließ keinen größeren Eindruck als die erste. Die Soldaten behielten ihre Stärke und Prinzipien, aber aufgrund eines Vorschlags ihrer Offiziere setzten sie ein Protestschreiben an den Kaiser auf.

Der erste Chronist dieses Massakers, Bischof Eucheris, konnte Einzelheiten dieses Schreibens finden und gab sie in seinem Buch wieder. Was da zu lesen ist, stellt eine außergewöhnliche Mischung zu gleichen Teilen aus Glauben, Loyalität und Mut dar:

> Kaiser, wir sind deine Soldaten, aber auch die Soldaten unseres wahren Gottes. Wir schulden dir Militärdienst und Gehorsamkeit, aber wir können Ihm nicht abschwören, da Er unser Schöpfer und Herr ist, auch deiner, auch wenn du Ihn ablehnst. In allen Dingen, die nicht gegen Sein Gesetz verstoßen, möchten wir dir gerne gehorchen, wie wir es bisher getan haben. Wir widersetzen uns sofort jedem deiner Fein-

de, egal, wer sie sind, aber wir können unsere Hände nicht mit dem Blut unschuldiger Christen beschmutzen. Wir haben einen Eid vor Gott geleistet, noch bevor wir einen Eid vor dir leisteten und du wirst unserem zweiten Eid nicht trauen können, wenn wir den ersten brechen. Du befiehlst uns, Christen hinzurichten, aber siehe, wir sind ebensolche. Wir bekennen uns zu Gott, dem Vater, dem Schöpfer aller Dinge, und Seinem Sohn Jesus Christus. Wir haben unsere Kameraden mit dem Schwert sterben gesehen, wir weinen nicht um sie, sondern jubeln über ihre Ehre. Weder das, noch irgendeine andere Provokation hat uns zum Aufstand getrieben. Denn siehe, wir haben Waffen in den Händen, aber widersetzen uns nicht, denn wir würden lieber unschuldig sterben, als mit einer Sünde leben.

Von dieser Erklärung unbeeindruckt, schickte Maximian eine letzte Warnung an die Thebäer, in der es hieß: »Vertraut nicht eurer Zahl, denn wenn ihr euch weiter verweigert, wird nicht ein Mann unter euch übrig bleiben.« Als auch diese Nachricht den Beschluß Mauritius' und seiner Männer nicht zu erschüttern vermochte, wurde eine große Einheit aus der Truppe des Kaisers am 22. September 286 nach Agaunum geschickt, um jeden einzelnen zu töten. Nicht ein Schwert wurde zur Verteidigung erhoben, selbst der Speer des Longinus blieb an Mauritius Seite, bis auch er von einem Schwerthieb niedergestreckt wurde.

Die Geschichte war mit dem Massaker von Agaunum nicht ganz beendet. Es gab weitere Mitglieder der »donnernden Legion« außerhalb der Gegend zu jener Zeit – Soldaten, die als Wächter entlang der Straße über die Alpen postiert waren. Doch auch sie wurden allesamt von Maximians Männern gefunden und gnadenlos getötet.

Nicht allzu lang danach begannen Gerüchte zu kursieren, daß es nach dem Massaker mehrere Wunder in der Gegend gegeben habe. Die Leichen einiger der Thebäer waren in die

Rhône geworfen und anscheinend von Menschen gesehen worden, die danach berichteten, wie die Körper aus dem Wasser stiegen und beteten. Geköpfte Gestalten waren im Tal mit zum Gebet gefalteten Händen beobachtet worden. Solche und ähnliche Geschichten hatten den Bischof Theodorus wohl so stark beeindruckt, daß dieser einen Platz am Flußufer für eine Basilika aussuchte. Ausgrabungen in der Gegend in den 40er Jahren brachten einige Überreste ans Tageslicht, die jedoch noch untersucht werden müssen.

Heute ist die Stadt Saint-Maurice ein friedlicher Ort. Nur die goldenen und silbernen Reliquien der Abtei erinnern an eines der blutigsten Massaker der Geschichte. Bei ihrem Anblick beginnt man zu verstehen, wie die Legende des Heiligen Speers die menschliche Vorstellungskraft beflügeln konnte.

Vier

Der Kult des Speers

Brunanburh ist für diejenigen, die altertümliche Geschichte lieben, ein Name von besonderem Zauber, eine Örtlichkeit mit vielen sie umgebenden Rätseln, die u. a. ihre genaue Lage in England betreffen. Es ist der Ort, der am frühesten mit der Legende des Heiligen Speers in Verbindung gebracht und Schauplatz einer Schlacht im Jahre 937 wurde, bei der die Waffe angeblich eine entscheidende Rolle spielte.

Die Schlacht von Brunanburh ist in der alten *Angelsächsischen Chronik* verzeichnet und wird in einem berühmten Gedicht von Alfred Lord Tennyson gefeiert. Sie ist außerdem Thema einer widerhallenden Behauptung eines Mannes, der einen besonderen Platz in unserer Geschichte einnimmt: Winston Churchill. Der große britische Premierminister erklärte, daß die Engländer ihre Existenz als Nation nur drei Schlachten der Geschichte verdanken würden – die erste sei die Schlacht von Brunanburh mit König Æthelstan gewesen.

Die Fakten über König Æthelstan und seinen berühmten Sieg sind recht gut belegt, nur der Ort des Geschehens, an dem er die vereinten schottischen, walisischen und Wikinger-Mächte mit Hilfe des Speers besiegte, bleibt im Dunkeln. Nach meinen Recherchen denke ich, dieses wichtige Schlachtfeld in den schattigen altertümlichen Wäldern von Bowland gefunden zu haben. Wie gelangte also der Speer in diese entscheidende Phase der Geschichte? Wo mußte er auf dem Weg dorthin vorbei?

König Æthelstan wurde 895 als Sohn König Eduards dem Älteren und Enkel Alfreds des Großen in Wessex geboren. Es gibt jedoch Zweifel an seiner Legitimität, denn seine Mutter, Egwina, soll die Tochter eines bäuerlichen Hirten gewesen sein, in die sich Eduard verliebt hatte. Viele historische Quellen erwähnen sie bloß als »Adlige«, aber es gibt keinen Zweifel an ihrer Schönheit oder ihrer Liebe zu ihrem Sohn Æthelstan.

Der Junge soll schon früh lesen und schreiben gelernt haben und wurde wie alle Kinder von angelsächsischen Adligen in der Kunst des Kampfes ausgebildet. Kurz vor dem Tod seines Großvaters 899 wurde er laut einem zeitgenössischen Bericht dem alten Mann vorgeführt, der »ihn liebevoll umarmte und ihm ein angelsächsisches Schwert, eine juwelenbesetzte Schwertscheide, einen Gürtel und einen Umhang schenkte«. Als dieser Junge viele Jahre später im August 924 zum König von Mercien und Angelsachsen gekrönt wurde, hatte er bewiesen, daß er ein begabter und mutiger Kämpfer war.

Der neue König war sehr ehrgeizig und wild entschlossen, die Grenzen seines Königreiches so zu erweitern, wie es nie zuvor jemand getan hatte – und er eroberte Teile von Cornwall, Wales und Northumbrien. Jedoch gab es feindliche Mächte, die Angst hatten und sich an seiner Macht störten. Sie schlossen sich in einem schrecklichen Bündnis zusammen, das aus Konstantin II. von Schottland und Anlaf, dem Wikingerkönig von Dublin, bestand. Die beiden waren sehr erbost über Æthelstans Vorhaben, der erste alleinige Herrscher über Länder zu werden, die vorher von vielen Königen regiert wurden. Mit ihren überlegenen Armeen planten sie seinen Sturz.

Im Jahr 937 versammelte sich die feindliche Koalition auf dem britischen Festland. Die Kelten gaben Nachricht, daß sie den angelsächsischen »Bleichgesichtern«, wie sie Æthelstan und seine Anhänger nannten, trotzen und sie ein für allemal in einer gigantischen Schlacht vernichten würden. Æthelstans Chancen standen schlecht, aber der mutige und ehrgeizige König machte sich mit einem Gegenstand auf den Weg zu der Begegnung, von dem er seinen Truppen erzählte, er würde ihnen den Sieg sichern: der Heilige Speer, der in die Seite Jesus gestoßen worden war und seinen Besitzer unbesiegbar machte.

Æthelstan hatte altertümliche und religiöse Reliquien gesammelt, seitdem sein Großvater ihm im Alter von sechs Jahren das erwähnte großzügige Geschenk gemacht hatte. Tatsächlich war sein Ruf als Kenner über die Jahre gewachsen, und viele der Dinge in seinem Besitz waren laut der Beweise in der *Historia Monasterii Croylandenis* aus dem Ausland importiert worden. Dieses Werk besagt, daß eine erhebliche Anzahl seiner meistgeschätzten Besitztümer mit anderen europäischen Monarchen getauscht worden waren.

Der berühmte englische Chronist Wilhelm von Malmesbury, dessen *Gesta Regum Anglorum* (1128) von der Geschichte der Könige von England aus den Tagen der angelsächsischen Invasion berichtet, behauptet, daß Hugo Capet, Begründer der dritten fränkischen Dynastie, König Æthelstan die »Heilige Lanze«

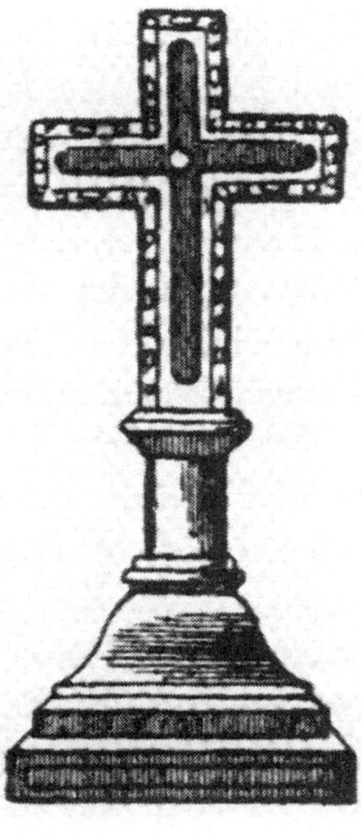

Ein Kreuz aus der Sammlung von König Æthelstan

geschenkt hatte. Das ist jedoch unwahrscheinlich, denn Capet war 937 noch ein Kind, obwohl gesagt wird, daß der Speer in ebendiesem Jahr über den Kanal transportiert wurde.

Thomas Carlyle, der viktorianische Historiker, spricht in seinem Essay *Early Kings of Norway* die Theorie an, daß der Speer ein Geschenk von Harald Haarfagr, König von Norwegen, als Gegenleistung für ein »prächtiges Schwert mit goldenem Griff und feinen Besätzen« von Æthelstan als Zeichen des Respekts war. Das scheint ebenso unwahrscheinlich, und falls es damals einen Schenkenden gegeben hat, dann ist es wahrscheinlicher, daß es sich dabei um den deutschen Heinrich I. handelte.

In jedem Fall soll Æthelstan den Speer in der Schlacht von Brunanburh getragen haben. Diese Schlacht wurde an einer fast 50 Kilometer langen Front geschlagen. Dies behauptet jedenfalls die *Angelsächsische Chronik*, aus der folgende Informationen entnommen worden sind:

> In diesem Jahr erlangte König Æthelstan, Herr der Krieger, und auch sein Bruder, Prinz Edmund, ewigen Ruhm in der Schlacht mit scharfen Schwertern um Brunanburh. Der Feind kam um, und viele Krieger lagen vom Schwert getötet: nordische Männer über Schild erlegt, schottische ebenso.

Die Sage beschreibt weiterhin, wie die restlichen Männer der besiegten Armeen über das Meer nach Irland flohen oder zurück nach Schottland, wobei sie noch lange von Æthelstans siegreichen Männern verfolgt wurden. Später wurde die Schlacht in den irischen und schottischen Annalen aufgezeichnet und von Geoffrey of Monmouth, einem walisischen Historiker aus dem zwölften Jahrhundert, in seiner *Historia Regum Britaniae* (ca. 1147) niedergeschrieben. Darin bezeichnet er die Schlacht als »Wendepunkt für die Kelten«.

Aber *wo* fand diese Wende in der Geschichte statt? Über die Jahre hinweg haben Historiker viele Standorte vorgeschlagen, von Solway Firth bis Bridgnorth in Shropshire. Andere Kandidaten waren Doncaster, die Gegend um den Humber, das Flachland um Lincolnshire, sogar der Süden Englands. Keiner dieser Orte paßt zu den Anhaltspunkten in dem angelsächsischen Gedicht oder zu denen aus den Angaben des Geschichtsschreibers Egil Skallagrimsson. Wahrscheinlich handelt es sich bei der gesuchten Ortschaft um die kleine Markstadt Garstang in Lancashire, die dort entstand, wo die große Nord-Süd-Hauptstraße den Fluß Wyre überquert.

Skallagrimsson war zur Zeit der Schlacht Mitglied in Æthelstans Hof und bezeugte das Drama mit eigenen Augen. Er bestätigt, daß der König mit dem Speer, »der die Feinde in Angst versetzte«, in der Hand in die Schlacht zog. Als gebürtiger Isländer schreibt er verständlicherweise einige Namen in seinem Bericht falsch, aber er bezeichnet den Ort häufig als *Vinuskogi*. In nordgermanischer Sprache bedeutet »Vinu« Holz oder Heideland, und »skogi« ist eine Wendung, die immer noch existiert, und zwar im Namen eines tatsächlichen Ortes, Myerscough, südlich von Garstang gelegen. Berichten zufolge gab es hier im Mittelalter oder sogar schon früher ein forstwirtschaftlich genutztes Gebiet. Der Name selbst stammt vom altsächsischen Wort »Gaerstrung« für Wiesenland ab.

Weitere Beweise, daß der Schauplatz der Schlacht hier lag, sind im berühmten *Book of Hengest* zu finden, das die Schlacht in »Cattybrunawc« plaziert. Dieser Ort liegt zwischen Caterall und Hampson Green, nicht weit von den Ruinen des Schlosses von Garstang und dem Fluß Wyre entfernt, der dort nach Norden fließt, genau wie Skallagrimsson es in seiner Beschreibung von König Æthelstans »Ritt in Richtung Schicksal« erwähnt.

Menschliche Überreste wurden später in und um den Fluß Wyre gefunden. Es könnten die Körper der besiegten irischen Soldaten gewesen sein, die versuchten, zurück auf ihre langen Schiffe in der Flußmündung zu gelangen, zur gleichen Zeit, wie sich die Schotten auf einem alten römischen Pfad in Richtung

Norden zurückzogen. Interessanterweise gibt es einen Ort namens »Athelston Fold« neben dieser Straße zwischen Preston und Fulwood, und es wird behauptet, daß dies der Ort sein könnte, an dem sich der König und seine Männer für die große Schlacht versammelten.

Æthelstans Triumph – »Es hat nie zuvor mehr Gemetzel auf dieser Insel gegeben« besagt das Gedicht unmißverständlich, »seit aus dem Osten Angeln und Sachsen über die weite See kamen« – war enorm, was den Ruhm des Königs noch weiter ausbreitete. Er ließ umgehend Siegesmünzen mit seinem Ebenbild und den Worten *Rex Totius Britaine* (»König ganz Britanniens«) prägen. Er schuf auch so pompöse Phrasen wie »Basileus der Engländer und gleichzeitig Herrscher über die ganze Kugel Britanniens«, um seinen neuen Status zu beschreiben.

Als Konsequenz von Æthelstans Sieg wurde das Land, das vorher eine Mischung angelsächsischer Königreiche war, nunmehr vereint. Die Grenzen wurden die gleichen, die bis heute bestehen.

Der siegreiche König verlangte riesige Abgaben an Gold, Silber und anderen wertvollen Materialien von den besiegten Walisern und Schotten und vertrieb die Wikinger aus York, wo ihre Festung zerstört und ihre Schätze beschlagnahmt wurden. Die wertvollen Gegenstände wurden seiner eigenen Sammlung hinzugefügt, der Rest der Kirche übergeben, um sich der Unterstützung der Geistlichen zu versichern.

Der größte Stolz in Æthelstans Sammlung war der Speer, der während der Schlacht an seiner Seite gewesen war. Das Gerücht über seine übernatürlichen Kräfte war von nun an weit verbreitet, und der gerissene Monarch stellte den Speer einige Zeitlang als Symbol seiner Macht zur Schau: zuerst in seinem Hauptquartier in York, später in Kingston-upon-Thames, damit die Bewohner des Südens auch einen Blick darauf werfen konnten.

Obwohl er selbst nie heiratete, arbeitete König Æthelstan intensiv an guten Beziehungen mit Europa, indem er vier seiner

Halbschwestern mit verschiedenen Herrschern Westeuropas vermählte. Eine dieser Verbindungen erwies sich als besonders wichtig für die Legende des Heiligen Speers.

Kurz vor seinem Tod in Gloucester am 27. Oktober 939 vermittelte Æthelstan noch die Hochzeit seiner Halbschwester Edith mit dem deutschen König Otto I., später Otto der Große genannt. Als Teil ihrer Mitgift, so besagt die Geschichte, ließ der König den wertvollen Speer von einer Truppe getreuer Soldaten nach Mainz transportieren und Otto präsentieren. Jedoch war eine wichtige Bedingung an das Geschenk gebunden: Der Kaiser sollte seine Garnisonsstädte zu Handelsstädten erklären und britischen Händlern die Durchreise erlauben. Das Ganze sollte sich für beide Männer als eine kluge Entscheidung herausstellen. Æthelstan sicherte sich dadurch die Unterstützung der Händlerklassen, während Otto als »Städtegründer« bekannt wurde und so half, Europas Wirtschaft aus dem dunklen Zeitalter herauszuführen.

Die Vereinbarung brachte außerdem die Heilige Lanze zurück auf das europäische Festland, und sie sollte es für die nächsten tausend Jahre nicht wieder verlassen. Hier wurde sie mit der Zeit zum Mittelpunkt eines wachsenden Kultes …

Die Macht des Speers war bereits fast 600 Jahre vor der Schlacht von Brunanburh demonstriert worden, als ihn der römische Kaiser Konstantin der Große benutzte, um sein riesiges Kaiserreich zu christianisieren. Mit einem wunderlichen Wink des Schicksals begann diese Episode ebenfalls in England, in York, lange bevor dieser Ort in die Hände der Wikinger fallen sollte.

Konstantin, dessen echter Name Flavius Valerius Aurelius Constantinus war, wurde 272 in Naissus, heute Nis in Serbien, geboren. Er war der älteste Sohn von Constantius Chlorus, einem Soldaten, dem Großes bestimmt war und der sich in eine Frau niederer Herkunft verliebte. Der Sohn zeichnete sich als Soldat in Diocletians berühmter Expedition nach Ägypten im

Jahre 296 aus und diente außerdem unter Galerius in den Persischen Kriegen.

Als die beiden römischen Kaiser Diocletian und Maximum im Jahre 305 abdankten und Galerius und Konstantin Chlorus als *Caesari* (Caesar = römischer Titel) übernahmen, gesellte sich der jüngere Konstantin zu seinem Vater, der die westliche Hälfte des Kaiserreiches von Boulogne aus regierte.

Im selben Jahr überquerten Vater und Sohn den Kanal in einer Expedition gegen die Pikten. Der ältere Konstantin starb in Eboracum (später die Stadt York). Er hatte seinen Sohn stets als Nachfolger gesehen, also verloren seine treuen Truppen keine Zeit und erklärten den jungen Konstantin am 25. Juli zu ihrem Kaiser. Sich seiner Popularität und seines militärischen Geschickes bewußt, stellte Galerius die Entscheidung nicht in Frage, obwohl man ihm nur den Titel *Caesar* gewährte.

Während der nächsten 18 Jahre fand sich Konstantin in eine politische Kontroverse nach der anderen verwickelt, mit nicht weniger als sechs Kaisern, die um die Vorherrschaft im Kaiserreich kämpften. Es gab auch eine Reihe von Kriegen, in denen der große Soldat für die absolute Macht gegen seine Rivalen kämpfte. Höhepunkte waren seine Überquerung der Alpen über Mont Cenis und der Marsch auf Rom. Dort, am Rande der Stadt auf der Milvian-Brücke, traf er auf sein Schicksal.

Es gibt viele Gerüchte und Legenden um diese Handlung, durch die der Kaiser Maxentius besiegt wurde, von der Brücke fiel und ertrank. Einige Berichte behaupteten, daß Konstantin vor der Schlacht eine Vision eines »in Flammen stehenden Kreuzes« hatte, die ihn zu größtem Mut inspirierte; andere sagten, daß er »vor sich einen heiligen Speer« trug, um seine Männer mitzureißen. Dies ist mit Sicherheit die Variante, die von Eusebius von Caesarea (ca. 264–340), dem »Vater christlicher Geschichte«, in seinem Werk *Das Leben Konstantins* berichtet wurde. Hier wird erzählt, wie der Kaiser überzeugt wurde, »daß er mächtigere Hilfe benötigte, als seine Armeen hergaben in bezug auf die niederträchtigen magischen Zauber, die so sorgfältig von seinen Feinden praktiziert wurden«. Eusebius gibt sogar eine Beschreibung des nunmehr sorgfältig verschönerten Speers:

> Es war ein langer Speer, mit Gold überzogen. An der Spitze war ein Kranz aus Gold und Edelsteinen befestigt und darin das Symbol des Heilands Namen, zwei Buchstaben, die den Namen Christus mit seinen Anfangsbuchstaben ergaben, eben die Buchstaben, die der Kaiser später auf seinem Helm zu tragen pflegte. Vom Speer hing außerdem ein Tuch herab, ein königliches Stück, bedeckt mit einer üppigen Verzierung der hellsten Edelsteine, und das mit seiner Verflechtung mit Gold eine unbeschreibliche Schönheit für den Betrachter barg.

Konstantin ging als neuer Mann aus diesem Blutbad auf der Milvian-Brücke hervor. Er glaubte, daß ihm der Speer beim Sieg geholfen hatte und daß seine Macht offensichtlich größer war als alle heidnischen Götter, die er zuvor verehrt hatte. In diesem Moment wurde er zum Christentum bekehrt und schwor, das römische Reich zu christianisieren, dessen alleiniger Herrscher er nun war.

Konstantin legalisierte das Christentum, obwohl er es nicht zur Staatsreligion erklärte und das Heidentum nicht verbot. Er widmete sich außerdem der Bestrafung von Mißhandlungen, der Stärkung seiner Grenzen und der Bekämpfung der barbarischen Horden, die durch Europa wanderten.

325 berief er in Nicäa das erste ökumenische Konzil ein, um eine Reihe öffentlicher Spaltungen zu beseitigen, einschließlich eines Disputs um die Person und Gottheit Jesus. Ein Bericht der Versammlung besagt, daß der Kaiser während der Diskussion ruhig auf einem Podium saß und »den heiligen Talisman der Macht und Offenbarung an seine Brust preßte«.

Als seine Autorität im ganzen Römischen Reich durchgesetzt war, baute Konstantin die altertümliche griechische Stadt

Byzanz wieder auf, nannte sie Nova Roma (Neu-Rom) und schuf Ämter sowie einen Senat ähnlich denen in Rom. Er soll eine wichtige Rolle beim Wiederaufbau gespielt haben, indem er den Speer wie zur Inspiration mit sich herumtrug, während die Grenzen der Besitztümer und offenen Plätze für die Öffentlichkeit geklärt wurden. Wie er so umherlief, wiederholte er laut genug für alle: »Ich folge in den Fußstapfen desjenigen, den ich vor mir laufen sehe.« (Nach seinem Tod im Mai 337 wurde die Stadt in Konstantinopel umbenannt, »Stadt des Konstantins«; sie wurde später die Hauptstadt des Reiches.)

Die letzten Jahre dieses großen Mannes waren von großen Siegen gegen die Vandalen, die Markomannen und die Goten geprägt, eine Tatsache, die ihn ermutigte, die Eroberung Persiens zu planen – eine Tat, die kein römischer Kaiser seit Trajan erwogen hatte. Zuhause war seine Herrschaft mit Blut befleckt, besonders wegen der Hinrichtung seines ältesten Sohnes Crispus im Jahr 326 wegen Verrats und seiner zweiten Frau Fausta im darauffolgenden Jahr wegen einer ähnlichen Anklage.

Konstantin dem Großen, dessen Beiname ihm lange nach seinem Tod von christlichen Historikern gegeben wurde, folgten seine drei Söhne Konstantin II., Konstantius II. und Konstans auf den Thron. Diese sicherten sich ihr Recht auf das Reich, indem sie einige Angehörige aus den Reihen der Unterstützer ihres Vaters ermordeten. Sie führten den Vorsitz bei der Auflösung eines großartigen Reiches und zeigten dabei kaum Reue.

Das letzte Mitglied der Dynastie Konstantins war sein Enkel Julian, der angeblich die Geschichten um den heiligen Speer verspottet haben soll und versuchte, das Heidentum anstelle des Christentums im ganzen Reich wieder einzuführen. Julians Versagen in dieser Hinsicht wurde ebenso auf die Unbesiegbarkeit des Speers zurückgeführt wie Konstantins einstiger großer Erfolg auf dessen Macht.

Kaiser Julians Skepsis in bezug auf den Speer wurde von seinen Nachfolgern nicht geteilt. Diese benutzten weiterhin seine Macht für Rom, um ihre Truppen für die Eroberung neuer Territorien zu begeistern und um Heiden zum Christentum zu konvertieren. Kaiser Theodosius (347–395), der später ebenfalls den Beinamen »der Große« erhielt, beseitigte mit Hilfe des Speers die letzten Spuren des Heidentums. Es wurde sogar ein Abbild auf die Vollmacht der Präfekte gedruckt, die 388 nach Ägypten, Syrien und Kleinasien entsendet wurden, um heidnische Tempel zu zerstören und Zusammenschlüsse von Ungläubigen aufzuheben. Im ganzen Reich wurden alle heidnischen Opferungen, Prophezeiungen und Hexereien per Gesetz strafbar.

Theodosius wurde in Cauca im nordwestlichen Spanien als Sohn eines römischen Generals geboren. Er wurde als Jugendlicher Soldat und durch seine Heldentaten in Moesia und Thrakien berühmt. Als jedoch eine Intrige Schande über seinen Vater brachte und dessen Hinrichtung bewirkte, zog sich Theodosius zurück, um in seinem Heimatland Spanien zu leben. Sein Ruf wurde jedoch nicht vergessen, und er wurde bald von Gratian zurück an die Waffen gerufen, um zusammen mit ihm über das Reich zu herrschen und bei der Unterwerfung der Goten zu helfen, die damals nach Belieben auf dem Land plünderten. Theodosius unterwarf nicht nur die gewaltige heidnische Armee, sondern konnte außerdem viele dieser Männer in seine Ränge und seine Religion rekrutieren.

Wie sein Vorgänger leitete Theodosius eine Versammlung des ökumenischen Konzils in Konstantinopel im Jahr 381 mit dem Speer an seiner Seite. Als sein Reich etwa vier Jahre später von einer Armee Barbaren, geführt von Arbogast und Eugenius, bedroht wurde, führte er seine Männer, die heilige Reliquie über seinem Kopf schwingend, in die Schlacht. Obwohl er anfangs zurückgeschlagen wurde, weigerte sich Theodosius aufzugeben, griff am nächsten Tag erneut an und rief den Schlachtruf »Wo ist der Gott von Theodosius?«

Dieses Mal wurde sein Ruf erhört, und es gab keinen Halt mehr für den Kaiser. Bei Einbruch der Dunkelheit hatte er sowohl Arbogast als auch Eugenius getötet und ihre Leichen auf dem Schlachtfeld liegen lassen. Als Dank für diesen Sieg stellte Theodosius den Speer ein Jahr lang in der Mailänder Kathedrale aus, wo er tausende neugierige Beobachter anzog.

Als nächstes geriet der Speer in die Hände von Alarich (ca. 370–410), einem König der Visigoten, der durch Theodosius zum Christentum konvertiert und von ihm in seinen Dienst genommen worden war. Nach dem Tod des Kaisers im Jahre 395 rebellierten seine Hilfstruppen gegen die Herrschaft Roms und riefen Alarich zu ihrem König aus. Als grausamer Kämpfer und geborener Anführer machte er sich sogleich an die Invasion Thrakiens, Mazedoniens und Griechenlands. Er wurde jedoch vom römischen General Stilicho aus dem Peloponnes vertrieben und ließ sich eine Zeitlang mit seinen Horden in Epirus nieder. Hier ersann er den kühnen Plan, in Italien einzufallen und Rom einzunehmen. Nach einer Reihe unentschiedener Schlachten mit den römischen Legionen und mehreren unbeachteten Versuchen seitens der Behörden Roms, eine friedliche Vereinbarung zu treffen, stürmten Alarich und seine Männer schließlich die Stadt. Bei ihrem Marsch durch Rom plünderten die Goten Privathäuser sowie öffentliche Gebäude und beschlagnahmten jegliches Gold, Silber und andere Wertgegenstände, die sie in die Hände bekamen.

Alarichs wertvollste Beute war ein altbekanntes Stück, wie der byzantinische Historiker Prokopius von Caesarea – der General Belisarius in seinen Feldzügen gegen die Goten in Italien 536 begleitete – in seiner *Historiae* von 562 schreibt:

> Inmitten der Plünderung zog sich Alarich prächtige Roben an und saß mit goldener Krone auf dem Kopf und mit dem heiligen Speer, der Christus durchbohrt hatte, in seiner Hand auf dem Thron des Kaisers. Als Alarich auf dem Thron saß,

mußten tausende Römer auf dem Boden vor ihm niederknien und seinen Namen als Eroberer und Kaiser rufen. Nach sechs Tagen Plünderung und Vergnügen schritten Alarich und seine Armee aus den Toren Roms mit den Reichtümern der Stadt in den Armen.

Es ist nicht klar, ob Alarich den Speer mit sich nahm, als er die Stadt verließ. Seine Tage aber waren bereits gezählt. Er marschierte in Richtung Süden, um Sizilien und Afrika zu attackieren, aber als sich seine Flotte auf dem Meer befand, wurde sie von einem schrecklichen Sturm überrascht, und die meisten Schiffe gingen unter. Alarich war einer der Glücklichen, die überlebten. Er konnte zurück zum Festland segeln.

Aber Alarich sollte dieses Ereignis nicht lange überleben: Er war bereits krank und geschwächt und er starb kurz darauf in Cosenza. Der Legende nach vergruben die überlebenden Mitglieder seiner Anhängerschaft seinen Körper mitsamt dem geraubten Schatz der Römer weiter nördlich im Flußbett des Busentos, den sie zu diesem Zweck kurzzeitig von seinem Bett umlenkten. Die römischen Sklaven, derer sie sich zum Graben des Verstecks bedient hatten, töteten sie, um die Geheimhaltung zu sichern.

Noch einige Jahre später gab es in bezug auf diesen vergrabenen Schatz Gerüchte. Doch das Wiederauftauchen des Speeres im Besitz des römischen Generals Aetius nur ein Vierteljahrhundert später scheint diese Gerüchte zu widerlegen.

Aetius (ca. 390–454) wird in Geschichtsbüchern für seine Leistung bei der Aufrechterhaltung und Verteidigung des Römischen Reiches gegen die Barbaren oft »Der letzte Römer« genannt. Geboren in Dorostolus in Moesia als Sohn des Gaudentius, der möglicherweise Barbar war, stieg er spektakulär schnell im Dienst für Rom auf und erhielt später einen Ehrenposten in Afrika. Er verbrachte einige Jahre unter den Goten, einschließlich einer Zeit als Geisel Alarichs, und später mit Rua, dem Hunnenkönig, von dem er sich wertvolles Wissen über das Leben der Hunnen aneignete, das ihm später bei seinem Seitenwechsel sehr hilfreich war.

425 war Aetius Herrscher über mehr als 60 000 Barbaren, die sich mit Rom gegen ihre gemeinsamen Feinde zusammengeschlossen hatten, ein Schachzug, der seine eigene Position in der Hierarchie aufwertete und ihn zum *Magister Militumper Gallas* (Herr der Soldaten in Gaul) machte. Von 433 bis 451 war er zweifellos einer der dominantesten Charaktere der römischen Welt und verantwortlich für die Niederschlagung einer Revolte gegen das Imperium durch Graf Bonifacius.

Zeitgenössische Berichte, die über dieses Ereignis informieren, sprechen von einer fatalen Verwundung Bonifacius' durch Aetius mit einem »Wurfspeer«, aber einige Chronisten glauben, daß das Wort nur als »Speer« übersetzt werden sollte, womit die heiligen Reliquie erstmals wieder als Waffe verwendet wurde, seit sie dem römischen Zenturio Longinus gehörte.

Aetius tat zu der Zeit viel, um den Niedergang des Römischen Reiches aufzuhalten, und erzielte am 20. September 451 in der Schlacht von Chalons, dem heutigen Chalons-en-Champagne, seinen größten Sieg, als er die von dem berüchtigten Attila, dem Hunnen, befehligten Truppen besiegte. Auch in diesem Falle existieren Geschichten von ihm, wie er den Speer beim Kampf drohend schwang und später stolz seinen triumphierenden Truppen am Ende des blutigen Kampfes vorführte.

Die Schlacht von Chalons sollte jedoch Aetius' letzter großer Triumph sein. Drei Jahre später besuchte er Kaiser Valentinian III., um ihn um Erlaubnis zu bitten, dessen Tochter, die bereits einen Sohn namens Gaudentius hatte, zu heiraten. Verärgert über den Erfolg des Generals und aus Angst, Aetius könne selbst auf den Thron wollen, erstach Valentinian ihn brutal.

Es gibt übrigens eine kuriose Anmerkung zu dieser Geschichte. Einigen Berichten zufolge gelangte Attila (»Gottesgeißel«) kurzzeitig in den Besitz des Speers, als er nach der

Thronbesteigung als Hunnenkönig im Jahr 434 in Sachen Zerstörung in Europa unterwegs war. Seine vielen Eroberungen kamen fast 20 Jahre später in Italien im Jahr 452 zum Stillstand, nachdem er Aquileia, Mailand und Padua zerstört hatte und vor den Toren Roms stand. Dort, so sagt man, wurde er von Papst Leo I. von der Plünderung der Stadt abgehalten, indem dieser ihm einen riesigen Schatz avisierte – ein Angebot, das Attila wohl gerne annahm, um seine Armee, die von Hungersnot und Seuchen geschwächt war, nicht weiter auf die Probe stellen zu müssen.

Die Geschichte erzählt weiter, daß Attila kurz vor seinem Aufbruch in Richtung Norden auf seinem Pferd zurück zu den Toren Roms galoppierte. Nach einer kurzen Pause zog er eine schmale Waffe aus seinem Sattel und warf sie in Richtung einer Gruppe Offiziere, die nervös warteten, ob er sein Versprechen halten und abziehen würde. Sein Pferd aufbäumend rief der Krieger: »Nehmt eure Heilige Lanze zurück – sie hat keinen Nutzen für mich, denn ich kenne Ihn nicht, der sie heilig gemacht hat.«

Dort, im Sand vor den Füßen der Männer, lag nun der Speer des Longinus.

Was auch immer an der mit Attila verbundenen Geschichte dran sein mochte, die Heilige Lanze kam auf alle Fälle während der Herrschaft von Kaiser Justinian I. (ca. 482–565) wieder ins Spiel, der für die Kodifizierung der römischen Verfassungen und Statuen, bekannt als *Codex Justinianus* und *Novellae Constitutiones*, berühmt wurde. Diese wichtigen Verfügungen waren keine geringe Leistung für einen Mann, der als Petrus Sabbatius, Sohn eines slawischen Bauern, im kleinen Dorf Tauresina auf der Balkan-Halbinsel geboren wurde.

Justinians Mutter, Vigilanta, war die Schwester von General Justin, der das Kind als seinen Sohn adoptierte und in Konstantinopel ausbilden ließ. Obwohl der Junge anfangs Recht und

Philosophie studierte, interessierte er sich am meisten für das Militär und trat schnell in die römische Armee ein, zweifellos mit Förderung seines Stiefvaters.

Im Jahre 521 wurde Justinian Konsul und kurz darauf Regent. Sechs Jahre später erreichte er die ultimative Ehre, als er zum Kaiser proklamiert wurde. 523 betrat er Neuland in der bisherigen römischer Tradition, indem er eine Schauspielerin, Theodora, heiratete. Zur damaligen Zeit waren solche Frauen kaum besser als Prostituierte angesehen, doch diese Verbindung, die sich als besonders glücklich herausstellte, demonstrierte Justinians löbliche Entschlossenheit, soziale Schranken niederzureißen.

Der neue Kaiser wollte außerdem das römische Imperium zu altem Ruhm zurückführen und zog an mehreren Fronten in den Krieg. Er eroberte erfolgreich Nordafrika, Sizilien, Norditalien und Spanien. Er erweiterte auch eine riesige Linie von Befestigungen entlang der östlichen und südöstlichen Grenzen seines Territoriums.

Obwohl Justinian unzweifelhaft ein Mann mit großen Zielen und viel Energie war, galt er auch als skrupellos und listig, wie der Autor seiner Biographie, Prokopius, in *Historia Arcana* erzählt. Der Kaiser hatte bei der Umsetzung der Herrschaft Roms keine Bedenken, die grausamsten Methoden anzuwenden – einen Aufstand in der heidnischen Ecke des Imperiums schlug er mit 35 000 Todesopfern nieder. Diese Taten wurden im Namen des Christentums ausgeführt, und einige Gruppen, deren Glauben nicht seinem eigenen glich, vor allem die Juden und die Griechen, wurden von Justinian verfolgt.

Prokopius erzählt uns, daß Justinian sich neben Rechtswissenschaften und Philosophie auch sehr für die Legende des Heiligen Speers interessierte. Er war davon überzeugt, daß sein Besitz ihn schütze. Bei dem Speer handelte es sich um eines seiner am meisten verehrten Besitztümer, so schreibt der byzantinische Historiker, und es wurde einmal öffentlich benutzt, die

Entscheidung zu begründen, die Akademie Platos in Athen abzuschaffen: »Er erklärte gegenüber dem Heiligen Speer, daß es seine Aufgabe war, den Hellenismus und alle anderen Arten des Heidentums zu unterdrücken.«

Diese Entscheidung und die Brutalität einiger seiner Militäraktionen ließ Justinians Kritiker zu der Überzeugung gelangen, daß ein solcher Extremismus nicht mit dem Symbol des Messias vereinbar sei. Tatsächlich hörte man nach Justinians Herrschaft 200 Jahre lang nichts von dem Speer, und seine Existenz wurde erneut bezweifelt.

All dies sollte sich jedoch während der Herrschaft des legendären Karl des Großen ändern, als ein neues dramatisches Kapitel der Geschichte der Heiligen Lanze begann. Doch auch hier sollte die Herkunft des Speers zunächst bezweifelt werden …

Fünf

»Die Lanze des Herrn«

Charlemagne, auf Deutsch: Karl der Große, war König der Franken, Kaiser des Westens und einer der größten Herrscher der Geschichte. Ein Mann von gebieterischer Erscheinung, enormem Mut und mit großem Taktgefühl, kämpfte er in fast 50 Feldzügen und meißelte seinen Namen unauslöschlich in das späte achte und frühe neunte Jahrhundert. Er erkämpfte sich einen Ruf, der inzwischen gleichbedeutend ist mit großartigen Zivilisationskräften, die durch Heldenerzählungen und Abenteuer veranschaulicht werden.

Einige halten ihn gar für denjenigen, der die Legende und die Ereignisse um den Heiligen Speer schuf, der seinerseits die Ewigkeit bereiste und nun in Wien verweilt.

Leben und Werdegang Karls des Großen wurden natürlich in unzähligen Biographien erzählt, also wird uns hier eine Zusammenfassung reichen. Er wurde 742 als Sohn Pippin des Jüngeren, König der Franken, in Aachen geboren. Nach dem Tod seines Vaters 768 erbte Karl den nördlichen Teil des Königreichs, während sein jüngerer Bruder Karlmann über den Rest herrschte. Jedoch starb Karlmann schon drei Jahre später, und Karl nahm daraufhin das ganze fränkische Königreich in seinen Besitz. Nun entstand seine Legende und die der Dynastie, die er begründete.

772, als Karl sich auf dem ersten seiner vielen Feldzüge zur Bekämpfung und Christianisierung der heidnischen Sachsen befand, erhielt er eine Bitte von Papst Adrian I., ihm Hilfe gegen die lästigen Lombarden zu schicken. Er zog sofort mit seinen

Männern über die Alpen, eroberte 773 Pavia, nahm den Titel des Königs der Lombarden an und schenkte Ravenna dem Papst. In den folgenden Jahren war er damit beschäftigt, einen Aufstand in Italien niederzuschlagen, sich den westfälischen Herrscher Widukind zu unterwerfen und schließlich alle sächsischen Splittergruppen zu besänftigen.

Im Jahr 777 erhielt Karl einen weiteren Hilferuf, dieses Mal vom Emir von Saragossa, der vom Emir von Cordova bedrängt wurde. Wieder kam er umgehend über die Pyrenäen zum Ort des Konfliktes und erreichte den Fluß Ebro. Das Nachhutgefecht bei Roncesvalles, in dem Roland, Markgraf der Bretonischen Mark, und andere fränkische Adlige in einen Hinterhalt gerieten und von baskischen Horden getötet wurden, sollte später im *Chanson de Roland* (Rolandslied) unsterblich gemacht werden.

Bis zu diesem Zeitpunkt verbreiteten sich Geschichten der Heldentaten des mächtigen Frankenkönigs in Europa. Karl nahm Bayern und die Ländereien der ungarischen Awaren ein und machte deren Bewohner währenddessen zu Christen. Im Jahr

Karl der Große und die Heilige Lanze, dargestellt auf einer Münze

800 marschierte er in Italien ein, um Papst Leo III. zu unterstützen. Alle, die ihm im Weg standen, wurden bekämpft. Am Weihnachtstag ritt er triumphierend zum Petersdom, wo er vom dankbaren Papst als Carolus Augustus zum Kaiser der Römer gekrönt wurde, eine Handlung, die der ganzen westlichen Welt seine Vormachtstellung bewies.

Die Liste der Leistungen des Kaisers erschien einigen als fast übermenschlich. Diese Meinung verdichtete und verbreitete sich weiter, als man herausfand, daß er im Besitz jenes Speers war, der den Körper Christus' durchbohrt hatte. Diese Tatsache wurde von Eginhard bestätigt, einem fränkischen Historiker, der am Hof des Kaisers sehr beliebt war. 820 schrieb er die endgültige Biographie *Das Leben von Karl dem Großen*, ein Werk, das unbestreitbar dazu diente, seine Hauptfigur zu verherrlichen.

In seinem Bericht gibt sich Eginhard große Mühe zu zeigen, daß sich die Leistungen des Kaisers nicht bloß auf Eroberungen beschränkten, obwohl sich sein riesiges Imperium letztlich vom Ebro bis zur Elbe erstreckte. Karl der Große hatte Lateinisch und Griechisch gelernt, die Gesetze der Franken überarbeitet, Schwurgerichtsverfahren eingeführt, Gewichte und Maße reformiert und neue Münzen geprägt. Er interessierte sich auch sehr für Theologie, organisierte die Kirche in seinen Gebieten und veranlaßte Klosterreformen und Missionarsarbeit, womit er das begann, was Historiker seither »Karolingische Renaissance« nennen.

Eginhard beschreibt die Rolle des Speers in Karls Leben in seinen *Annales Francorum* genauer, wenn er berichtet, daß der Kaiser »seine Dynastie auf dem Besitz des Heiligen Speers und dessen Macht, das Schicksal zu beherrschen, begründete«. Der Historiker läßt wissen, daß Karl sich sehr für die alten Heldensagen interessierte und im ganzen Königreich Gelehrte ermutigte, jegliche Dokumente oder Artefakte zu sammeln, die diese Geschichten beweisen könnten.

Laut diesem Buch trug Karl den Speer bei jedem einzelnen seiner 47 Feldzüge, um sich den Sieg zu sichern. Die Waffe stärkte wohl auch seine hellseherischen Fähigkeiten, denn er entdeckte das Grab von St. Jakobus in Spanien und konnte in die Zukunft sehen. Eginhard schreibt weiter:

> Sein Leben lang lebte und schlief der Kaiser in der Nähe seines geliebten Talismanns. Erst als er ihn aus Versehen bei der Rückkehr von seinem letzten siegreichen Feldzug fallen ließ, sahen seine Untertanen dieses Zeichen mit Recht als eine Tragödie und als Hinweis auf seinen bevorstehenden Tod an.

Eginhard ergänzt zu dieser Aussage, daß bei der Rückkehr Karl des Großen aus Sachsen plötzlich ein Komet am Himmel zu sehen war. Das Pferd des Kaisers bäumte sich auf und ließ Karl zu Boden fallen. Der Heilige Speer wurde dabei aus seiner linken Hand gerissen und landete sechs Meter entfernt im Staub.

»In diesem Moment bebte die Erde im königlichen Palast Aachens ohne Karls Wissen. Das Wort *Princeps* verschwand auf mysteriöse Weise von der roten Inschrift auf einem zentralen Balken, auf dem vorher *Karolus Princeps* stand.«

Karl der Große starb am 28. Januar 814 in Aachen, wo er auch geboren wurde, und avancierte bald zum Helden in ähnlichen Geschichten und Balladen, die er als junger Mann geliebt hatte. Diese Epen von Männern wie Ludovico Ariosto, Matteo Boiardo und Torquato Tasso lobten ebenso die Leistungen der Karolingischen Dynastie, die er begründet hatte.

Es gibt jedoch Experten für altertümliche Geschichte, die meinen, daß Eginhard viel in der Geschichte des Speers erfunden und übertrieben hat. Sie glauben, daß Karl davon besessen war, sein Tausendjähriges Reich zu fördern, und sich eine eigene Kopie der Lanze machen ließ, die als bewußtes Gegenstück eines Symbols der Merowinger diente, die er zuvor gestürzt hatte. Die Insignie der Merowinger war ein altertümlicher »Stammesspeer«, der die geistliche Leitung unter dem Stammesgott und seiner Macht über Leben und Tod des fränkischen Volks symbolisierte. Als Christ hielt Karl den »Speer des Longinus« für ein Symbol des Blutes Christus, der seinem Besitzer das göttliche Recht der Herrschaft vermachte.

Wie wir schon gehört haben, deuten Professor Robert Feathers Experimente in Wien darauf hin, daß die Lanze in Wien wohl kaum älter sein dürfte als die Epoche, in der Karl der Große lebte. Aber eine derartige Aussage, ob nun korrekt oder nicht, löst das Rätsel des Schicksalspeeres nicht, sondern verstärkt sogar noch jene Geheimnisse, die ihn umgeben, und führt uns zu noch wundersameren Erkenntnissen.

Es ist eine traurige Tatsache, daß Karls Versuch, den westlichen Nationen größere Ordnung und christliche Kultur zu bringen, zum Scheitern verurteilt war. Seine Nachfolger hatten keines seiner beeindruckenden Talente. Somit fiel das Imperium auseinander. Die Geschichte vom Kaiser des Westens und seinem Heiligen Speer gewann jedoch über die Jahre an Boden, und jede Generation war stärker davon überzeugt als die vorhergehende, daß der Speer über eine beachtliche Macht verfügte. Einer der ersten Gelehrten, die ausführlich darüber schreiben sollten, war ein italienischer Prälat und Historiker namens Liutprand, der die Geschichte des Speers systematisch zurückverfolgte und leidenschaftlich alle Andeutungen bestritt, er könne aus der Zeit Karls des Großen stammen.

Leider ist nicht viel über die frühen Jahre dieses ersten Biographen, der sich mit dem Speer befaßte, bekannt, lediglich, daß er um 922 als Sohn einer Langobardenfamilie in Pavia geboren wurde und 931 als Edelknabe in den Dienst König Hugos von Italien trat. Es gibt Beweise, daß Liutprand ein intelligenter, ehrgeiziger Mann war, der Gerüchte liebte und in politischen Intrigen schwelgte. Mit diesen Eigenschaften versehen, stieg er in Hofkreisen rasch auf. Als König Hugo von seinem Nachfolger, Berengar I., abgelöst wurde, stieg der Edelknabe zum Kanzler auf.

949 wurde Liutprand als Botschafter an den byzantinischen Hof in Konstantinopel geschickt. Hier schrieb er einen brillanten und vernichtenden Bericht über das Leben am Hof, *Relatio de Legatione Constantinoplitana*, ein Werk, das als eines der anschaulichsten und lebhaftesten Schriftstücke des zehnten Jahrhunderts angesehen wird, obwohl es viele seiner adligen Leser schnell beleidigt und sogar entrüstet hat.

Bei seiner Rückkehr nach Italien geriet Liutprand in einen Streit mit dem König und besonders mit dessen Frau, Willa, so daß er den Hof verlassen mußte. Es dauerte nicht lange, bis er eine neue Anstellung fand, diesmal im Dienst von Kaiser Otto dem Großen, der sein mittelalterliches deutsches Königreich in die führende Macht Westeuropas verwandeln würde. Hier wurden Liutprands Intelligenz und seine Machenschaften vom Monarchen hoch geschätzt, und die beiden Männer teilten viele Vertraulichkeiten. Tatsächlich war es Otto, der Liutprand für die Heilige Lanze interessierte und ihm die Geschichte erzählte, wonach er den Speer als Teil der Mitgift bei der Hochzeit im Jahr 939 mit seiner Frau Edith, Halbschwester des britischen Königs Æthelstans, erhalten hatte.

Das Leben Ottos hatte seitdem konstant Errungenschaften aufzuweisen, angefangen bei einem bemerkenswert erfolgreichen Feldzug in Sachsen, bei dem er den Speer ständig an seiner Seite trug, wie Liutprand in seinem Buch *Monumentis Germaniae Historicis Recusa* beschreibt. Dieser Bericht, der Vorkommnisse in der deutschen Geschichte und speziell in Ottos Leben schildert, hatte noch einen weiteren Zweck. Mit ihm konnte der Autor sich an Berengar und seiner Königin rächen. Er applaudierte Ottos Militärtalent, der Ausweitung seines Territoriums, der Kolonialisierung ganzer Völker und der östlichen Erweiterung des Christentums in der slawischen Welt. Das alles in einem Feldzug, der viele Ähnlichkeiten mit dem karolingischen

Vorbild Karl der Große hatte, was Liutprand nur allzu gerne unterstrich.

Ottos Talent als General basierte auf seiner Fähigkeit, strategische Langstreckenvorstöße zu planen und Armeen verschiedener Regionen davon abzuhalten, zusammenzuarbeiten. Diese Qualitäten zeichneten die wichtigsten Feldzüge des Königs aus: der Sieg über die Magyaren in der Schlacht von Lechfeld (nahe Wien) im Jahr 955 und seine früheren Ausflüge über die Alpen im Jahr 951, durch die er sich Italien sicherte. Nach diesen beiden Siegen dankte er dem Heiligen Speer, der sie in seinen Augen ermöglicht hatte.

Laut Liutprand »teilte Otto die Frömmigkeit und den Aberglauben dieses Zeitalters und tat viel für die Verbreitung des Christentums«. Der König glaubte auch, daß der Speer seinen eigenen Tod durch die Hand seines Bruders Heinrich von Bayern verhindere. Heinrich ärgerte sich nämlich über die Ausweitung des Reiches des Bruders. Zu Weihnachten 941 wurde daher ein Komplott ausgeheckt. Zwei Attentäter sollten Otto während des Gebets ermorden. Der König hatte die Anwesenheit der Männer jedoch geahnt und jagte sie mit dem Speer davon, den er auf den Altar gelegt hatte. Die beiden wurden wahrscheinlich bald darauf von Wächtern gefangengenommen und hingerichtet.

Liutprand schrieb außerdem in *Monumentis*, daß »Otto Revolten unter den kriegerischen Stämmen zwischen der Elbe und der Oder mit dem Aberglauben um den Speer niederschlug, um sie zu christianisieren«. Er spielte auch auf das Alter des Speers an und verband es fest mit dem Leben Konstantin des Großen, dem ersten christlichen Kaiser Roms.

951 schickte Otto einen Botschafter zum Papst mit der Bitte, ihn zum Kaiser des Heiligen Römischen Reiches zu krönen, wie es der Heilige Vater mit Karl dem Großen zuvor getan hatte. »Die Bitte wurde abgelehnt«, schrieb Liutprand, »aber obwohl Otto eher anmaßend war in seinem Entschluß, den Reichsthron

zu besteigen, wußte der privilegierte Träger des Heiligen Speers des Longinus, daß es nur eine Frage der Zeit sein würde, bevor er sein ultimatives Ziel erreichte«.

So kam es dann auch. Otto wurde 962 von Papst Johannes XII. zum Kaiser gekrönt. Ein Höhepunkt der Veranstaltung war seinem Biographen zufolge, als der König vor dem Papst kniete und »die Lanze seine Schulter berührte, als ein heiliges Ritual, um seinen Anspruch als Heiliger Römischer Kaiser zu beweisen«. Liutprands Belohnung für die Treue zu seinem Herrn winkte ihm in Form seiner Erhebung zum Bischof von Cremona, wo er aufgrund seiner eher leichten kirchlichen Pflichten genug Zeit für seine literarischen Bestrebungen fand.

Jedoch begann die Beziehung zwischen Otto und dem Papst zu zerbrechen, als letzterer sich wegen seiner zunehmenden Macht gegen den Kaiser stellte. Erneut handelte Otto schnell: Er entfernte Johannes als Papst und verabschiedete ein Gesetz, wonach in Zukunft kein Papst ohne die Zustimmung des Kaisers gewählt werden dürfe. Diese Entscheidung leitete jene Ära ein, in der das Papstamt durch deutschen Einfluß dominiert wurde, und machte Otto zum Kopf der christlichen Gemeinschaft.

Laut Liutprand glaubte Otto, daß die Heilige Lanze »den Kern seiner Macht repräsentierte«. Sie erlaubte ihm, die ehemals unruhigen Staaten Deutschland und Italien unter Kontrolle zu halten und das Christentum in Skandinavien und in den slawischen Ländern einzuführen. Ebenso symbolisierte sie seine oberste Autorität. Die Lanze selbst wurde in der reichen Kathedrale von Magdeburg, die Otto 968 erbauen ließ, aufbewahrt und dort ständig bewacht. Hier wurde er auch nach seinem Tod 973 begraben.

Liutprand, der hingebungsvolle Chronist des Königs, war im Jahr zuvor gestorben, und mit seinem Tod gingen die Hinweise auf den Speer über einen Zeitraum von 100 Jahren zurück. Als der Speer danach wieder an die Öffentlichkeit gelangte, waren der Klinge zwei überraschende Zusätze hinzugefügt worden.

Die Herrschaft Heinrichs IV., des dritten deutschen Kaisers des Heiligen Römischen Reiches, war geprägt von Zusammenstößen mit der Kirche und seinen Versuchen, imperiale Macht zu erlangen. Sein Name ist unauslöschbar mit der Legende des Speers verbunden aufgrund der Veränderungen, die Heinrich IV. an der zunehmend altersschwach werdenden Reliquie hat vornehmen lassen.

Heinrich war sechs Jahre alt, als sein Vater, der amtierende Heinrich III., starb. Anfangs herrschte seine Mutter, Kaiserin Agnes, bis 1070 in seinem Namen. Danach hatte er die Amtsgewalt inne. Seine erste Handlung war es, die Macht der sächsischen Adligen zu zerschlagen, aber seine drastischen und blutigen Maßnahmen provozierten einen Aufstand, der seine Armee 1074 überwältigte. Im folgenden Jahr bewaffnete sich Heinrich laut einer Studie, die sein Leben erzählt und von Historiker Friedrich Floto aus dem Jahr 1855 stammt, mit dem »Speer des Christus« und besiegte seine Feinde bei Hohenburg.

Aber die Mühen des Königs hatten gerade erst begonnen. 1075 stellte er bei dem Versuch, sowohl die Treue seiner Untertanen als auch die Unterstützung des Papstes zu bewahren, beides in Frage, indem er auf seinem Recht als Herrscher bestand, Geistliche und insbesondere Bischöfe zu ernennen. Diese Entscheidung provozierte den Konflikt, der als »Investiturstreit« in die Geschichte eingehen sollte. Papst Gregor VII. exkommunizierte Heinrich im Februar 1076. Der König hatte Angst, die Unterstützung beider Seiten zu verlieren, und bat den Papst, sein Urteil aufzuheben. Der Papst willigte schließlich ein, aber erst, nachdem Heinrich seine Reue bewies, indem er barfuß von seinem Hof in Canossa nach Rom lief.

Mit schmerzendem Kopf und Körper schwor der König Rache. Und bald fand er sich in einem Komplott wieder, das zum Ziel hatte, den Papst abzusetzen, woraufhin er wiederum exkommuniziert wurde. Dieses Mal bettelte er nicht um Gnade: im Jahre 1084 stürmte er mit einer riesigen Armee über die

Alpen, belagerte Rom und erklärte sich nach Roms Fall zum Kaiser.

Zu seiner Krönung ließ Heinrich den heiligen Speer nach Rom bringen. Laut Floto berief er den besten Juwelier Italiens zu sich und beauftragte ihn, zwei Zusätze herzustellen. Der erste Zusatz bildete die Integration eines »Heiligen Nagels« in die Klinge, der, wie Heinrich behauptete, vom Kreuz Christi stammte. Der zweite Zusatz stellte die Ummantelung der Klinge mit Silber dar, wobei diese Ummantelung die Inschrift trug: *Clavus Dominicos* – »Nagel unseres Herrn«.

Das Wiedererscheinen des restaurierten Speers bei Heinrichs Krönung war eine Sensation. Die Nachricht vom neuen Zusatz in Form des Kreuzigungsnagels verbreite sich wie ein Lauffeuer über Europa und wurde noch verstärkt durch Heinrichs Behauptung, die Macht der Lanze habe sich verdoppelt, sodaß die Autorität des Besitzers noch stärker wurde. Er versuchte jedoch nie, die Herkunft des Nagels zu beweisen.

Egal, ob dieses Herumbasteln tatsächlich die Macht des Speers beeinträchtigte oder nicht, Tatsache ist, daß der Rest der Herrschaft Heinrichs sehr unbeständiger Natur war. Während seiner Abwesenheit aus Deutschland waren drei Thronrivalen erschienen. Bei seiner Rückkehr konnte er sie jedoch alle überwältigen. Einer seiner Söhne, Konrad, forderte seine Autorität heraus, und ein zweiter Sohn, Heinrich, nahm seinen Vater gefangen und zwang ihn abzudanken. Glücklicherweise konnte der alte Mann einem blutigen Ende entgehen und floh zu seiner Sicherheit nach Liège, wo er am 7. August 1106 völlig entmutigt starb.

Laut einer in den alten Berichten stehenden Version gab dieser geplagte Mann als eine seiner letzten Taten den Speer heimlich in die Obhut seiner geliebten Tochter Agnes, die ihm die ganze Zeit treu geblieben war. In ihren Händen sollte der Speer in die sehr einflußreiche Hohenstaufen-Familie geraten, da sie mit deren großartigstem Sproß, Friedrich I. – genannt Barbarossa oder Rotbart –, verheiratet war.

Es gab nur wenig mächtigere mittelalterliche Kaiser wie Friedrich I., ein großer, majestätisch aussehender Mann, der so von seinem Volk geliebt wurde, daß man sagte, »Deutschland und Friedrich Barbarossa sind eins in den Herzen der Deutschen«. Nach seinem Tod entwickelte sich tatsächlich eine Legende, daß er nicht gestorben sei, sondern mit einer Gruppe seiner Ritter im Kyffhäuser-Gebirge in Thüringen nur schlafe und dort auf seine Rückkehr warte. Die Geschichte besagt, »Wenn die Raben nicht mehr um den Berg fliegen, wird Barbarossa aufwachen und Deutschland zu alter Größe zurückführen.«

Einige Versionen dieser Legende behaupten, daß der heilige Speer, der alle Taten Friedrichs begleitete, noch immer fest in seiner rechten Hand ruht, obwohl andere glauben, daß es sein mächtiges beidhändiges Schwert ist. In jedem Fall hatte die Legende eine große Wirkung auf viele Generationen von Deutschen – so wie auf Adolf Hitler, der den Mann vergötterte, sein eigenes Versteck in den Salzburger Bergen »Barbarossa« nannte und den Codenamen »Unternehmen Barbarossa« für seine Invasion Rußlands im Jahr 1941 verwendete.

Friedrich wurde 1125 als Sohn Friedrichs von Hohenstaufen, Herzog von Schwaben, und seiner Frau Judith von Bayern, des verfeindeten Adelsgeschlechts, geboren. Die Tatsache, daß der Junge von Deutschlands beiden wichtigsten Adelsgeschlechtern abstammte, machte ihn zu einem akzeptablen Anwärter auf den Thron. Er war erst 25, als er seinem Vater auf den Thron folgte, und fünf Jahre später, am 4. März 1152, wurde er anstelle seines Onkels Konrad III. zum Kaiser des Heiligen Römischen Reiches gekrönt.

Barbarossas Leben sollte sich als ein langer, unnachgiebiger Kampf mit Problemen im eigenen Hause, mit staatlichen Unruhen in der Lombardei und Streitigkeiten mit dem Papst in Rom erweisen. Er unternahm sechs Expeditionen nach Italien, während derer seine Beziehung zu Papst Adrian IV. langsam zerbrach. Die Probleme kulminierten 1076 in einer blutigen Auseinandersetzung und seiner Niederlage in der Schlacht von Legnano. Diese sollte für ihn jedoch wertvoller sein als sein vorheriger Erfolg, denn sie änderte seine kompromißlose Taktik in eine der Milde und Nachsicht, die letztlich die Lombarden in ein friedliches Volk verwandelte.

Im Jahre 1177 erkannte er während einer Zeremonie, bei der der heilige Speer der versammelten Menge gezeigt wurde, das Papsttum Alexanders III. an. Ein zeitgenössisches Dokument besagt, »bei Venedig kniete Friedrich Rotbart mit dem Speer in seinen Händen und küßte die Füße des Papstes, den er einst besiegt hatte«.

Um seinen beträchtlichen Ehrgeiz, Deutschland in eine vereinte Nation zu verwandeln, zu verwirklichen, waren Friedrichs ganzes Militärgeschick, unbändige Energie und Mut sowie seine hohe Eignung als Verwalter gefragt. Er mußte auch Rücksichtslosigkeit zeigen, um das Volk sowohl zu ängstigen als auch zu faszinieren. Gleichzeitig waren da aber auch die Interessen der Adligen in verschiedenen Regionen, die ruhig gehalten werden mußten und überzeugt werden sollten, für den Nutzen des ganzen Imperiums miteinander zu arbeiten.

In der Zeit der Reformen lag der Speer oft auf einem Tisch vor dem gefürchteten rotbärtigen Mann, während er ein Urteil verhängte. Er war auch bei ihm, als er den Dritten Kreuzzug gegen Saladin 1187 führte, ein Ereignis, das den Speer zum ersten Mal wieder an den Ort zurückbrachte, an dem er 1000 Jahre zuvor heilig geworden war.

Die Moslems waren wieder erstarkt und hatten Jerusalem eingenommen, nachdem es fast 90 Jahre lang in christlicher Hand gewesen war. Angesichts dieser Nachricht stellte Rotbart schnell eine Armee von über 150000 Männern des Deutschen Reiches zusammen und machte sich auf in Richtung Palästina, begleitet von zwei anderen christlichen Königen, Philip Augustus von Frankreich und Richard I. von England. In Kleinasien angekommen, attackierten die Kreuzfahrer die ungläubigen

Mächte und besiegten sie nach zwei bedeuteten Schlachten bei Philomelium und Iconium.

Doch Unglück erwartete die siegreichen Krieger. Eines Tages, als seine Armee eine kleine Brücke über den Fluß Saleph in Sizilien überqueren wollte, galoppierte Friedrich ungeduldig nach vorne und ritt sein Pferd geradeaus ins Wasser. Die Strömung war stärker, als er vermutet hatte, und Pferd und Reiter wurden sofort weggeschwemmt. Friedrichs schwere Rüstung zog ihn nach unten, und er ertrank, bevor ihn Hilfe erreichen konnte.

Ein zeitgenössischer Bericht des Unfalls besagt: »Als er in der Strömung lag, fiel der heilige Speer im Moment seines Todes aus seinen Händen. Sein Körper wurde geborgen und in der Peterskirche in Antiochia begraben.«

In diesem Bericht – und keinem weiteren zu der Zeit verfaßten – wird das unmittelbare Schicksal des Speers nicht erwähnt. Tatsächlich würde er erst im 14. Jahrhundert wieder auftauchen, zerbrechlich und diesmal ohne den hölzernen Schaft.

Obwohl die Heilige Lanze erst während der Herrschaft von Karl IV. wieder in der Öffentlichkeit gesehen wurde, war die Legende noch lange nicht vergessen. Am Anfang des 13. Jahrhunderts wurden seine beachtlichen Kräfte und seine lange Geschichte in einem der großen epischen Gedichte des Mittelalters gefeiert: *Parsifal*, von dem Deutschen Wolfram von Eschenbach verfaßt. Es sollte Richard Wagner zu einem seiner feinsten Librettos inspirieren.

Parsifal ist natürlich zu einem Juwel der deutschen Literatur und Musik geworden. 100 Jahre nach seiner Veröffentlichung suchte Karl IV. ein ähnliches Schmuckstück, um seinem mittelmäßigen Hofe Glanz zu verleihen. Karl war der Sohn von Johann von Luxemburg, dem außergewöhnlichen blinden König von Böhmen. Obwohl dieser mit Anfang 40 sein Augenlicht verloren hatte, leitete er noch immer einen Feldzug zur Eroberung Österreichs und Italiens, bevor er am 26. August 1346 in der Schlacht von Crècy an der Seite der Franzosen gegen den englischen König Edward III. fiel.

Karl wurde nach dem Tod seines Vaters zum König von Böhmen gewählt und begann sofort, sein Königreich zu erweitern. Innerhalb eines Jahres war ganz Deutschland unter seiner Kontrolle. Anschließend machte er sich daran, seinen Ambitionen nachzukommen und über das beste Kunst- und Literaturzentrum Europas zu verfügen. 1348 entsandte er Höflinge in sein gesamtes Königreich, um seltene Dokumente und wertvolle Artefakte für seine Sammlung zu finden. Er ermutigte sie, weit weg zu gehen, in der Hoffnung, heilige Reliquien zu entdecken, die sowohl seinen Glauben als auch sein Königsdasein erleuchten würden.

Einer Monografie von Sir W. Stirling-Maxwell zufolge fand Karl, was er gesucht hatte, in Österreich. »In einem Zisterzienser-Kloster in den Tiroler Bergen entdeckten seine Männer eine altertümliche Speerspitze. Nachdem sie bedroht wurden, gaben die Mönche zu, daß es dieselbe Waffe war, mit der der Zenturio bei Golgotha die Seite Christus' in dessen letzten Atemzügen durchstoßen hatte. Die Männer eilten mit ihrer wertvollen Beute zu dem hocherfreuten König zurück.«

Es gibt keine Hinweise in Stirling-Maxwells Bericht, wie der Speer genau nach Tirol gelangt war. Aber Karl schien nur allzu gerne seine Authentizität zu akzeptieren und gab den Kreuzigungsnagel und die silberne Ummantelung, die Heinrich IV. hinzugefügt hatte, als Beweis an. Er entschied sich, die zerbrechliche Reliquie durch eine neue goldene Hülle über der silbernen zu stärken, die bereits vom Alter gezeichnet war. Er gab auch die Anweisung, die Inschrift in eine etwas spezifischere Aussage zu ändern: »Lanze und Nagel des Herrn«, bevor er die Lanze in Prag ausstellen ließ.

Der böhmische König war aber mit dem bloßen Besitz des Speers noch nicht ganz zufrieden. Stirling-Maxwell erklärt:

Er entsandte Boten mit der Nachricht der Entdeckung zum Papst. Er bat den Papst um Ausrufung eines jährlichen Festes des Longinus und beauftragte eine neue Liturgie und Messe, um dem Tag zu gedenken. Der Papst gab seine Zustimmung, und die Lanze wurde wieder einmal zum Mittelpunkt eines königlichen Hofes.

Obwohl Karl IV. zweifellos der erste war, der den Speer »Die Lanze des Herrn« benannte, gab es andere, die seine Authentizität nach so langer Abwesenheit bezweifelten. Ein Historiker, Volker Schier, argumentiert, daß der König die Echtheit der Lanze bestätigt sehen wollte, um eine handfeste Begründung für seine Besteigung des gesamtdeutschen Throns zu haben.

»Die vorrangige Begründung schien die Heilige Lanze gewesen zu sein«, schrieb er. »Oder zumindest wurde sie das, denn sie hatte diese Bedeutung nicht, als er König wurde.«

Wahr oder falsch, der altertümliche Speer war wieder einmal zu besichtigen, und das sollte für die nächsten 500 Jahre auch so bleiben. Man behauptet, daß die Reliquie im Besitz von insgesamt 45 Königen und Kaisern nach Karl dem Großen bis ins 20. Jahrhundert gewesen sei. Mit der Zeit wurde sie auch als Symbol des Schicksals bestätigt: die Ambitionen ganzer Nationen beeinträchtigend und mit wachsender Mystik ausgestattet, während sie von einer königlichen Hand zur nächsten gereicht wurde. Sie wurde zu einem Talisman höchster Macht.

Das nächste bedeutende Ereignis in der Geschichte der »Lanze des Herrn« stammt aus dem 15. Jahrhundert, als sie an Karls Nachkommen, Sigismund (1368–1437), übergegeben wurde. Sigismund ließ einige Militärtalente seines Vorfahren vermissen, aber er besaß denselben Ehrgeiz und dasselbe Geschick. 1396 erlitt er eine schwere Niederlage, die ihm von der türkischen Armee in Nikopolis beigebracht wurde, konterte aber später mit einer größeren Armee und ging daran, Bosnien, Herzegowina und Serbien zu erobern. 1411 wurde er zum Kaiser des Heiligen Römischen Reiches ernannt und veranlaßte Papst Johann XXIII., den Konzil von Konstanz einzuberufen, angeblich um die Schisma mit dem böhmischen Reformator Jan Hus zu beenden. Der König machte jedoch keine Anstalten, eine sichere Eskorte für Hus zu organisieren, damit dieser die Versammlung besuchen konnte. Der Mann wurde während seiner Reise gefangengenommen und auf dem Scheiterhaufen verbrannt.

Sigismunds Paranoia, daß auch er ein solches Schicksal erleiden könnte, vielleicht durch Hus' Unterstützer, die vehement gegen seine Übernahme des Throns von Böhmen waren, ließ ihn auch um die Sicherheit des Heiligen Speers fürchten. 1424 gab er bekannt: »Es ist der Wille Gottes, daß die Reichskrone, der Reichsapfel, das Zepter, die Kreuze, das Reichsschwert und die Lanze des Heiligen Römischen Reiches nie den Boden des Vaterlands verlassen dürfen.« Um dies zu verwirklichen, beabsichtigte er, die Sammlung von Reliquien, zusammen als *Reichskleinodien* bekannt – »Imperial Regalia« –, zum Rathaus in Nürnberg zu bringen, natürlich für einen Preis.

Der Transport des königlichen Schatzes von Prag in die deutsche Stadt geschah in einer Art und Weise, die Kühnheit und Mut kombinierte. Er war unter einer Ladung Fisch in einem einfachen Wagen versteckt, der von nur vier Männern begleitet wurde. Die Reliquien erreichten Nürnberg jedoch sicher und wurden in das Heiliggeist-Spital gebracht. Dort wurde eine mit Silber versehene hölzerne Vitrine angefertigt, damit der Speer sicher von den Dachsparren der Kirche hängen konnte und außerhalb der Reichweite habgieriger Hände blieb.

An diesem Platz blieb die Speerspitze gut sichtbar für jeden. Einmal im Jahr wurde sie heruntergenommen, um sie auf dem Altar für die Pilger auszustellen. Unter diesen frommen Seelen entwickelte sich die Legende, daß, wer die Lanze durch einen Spiegel sieht, das Bild erfassen und es so mit sich nach Hause nehmen kann. Außerdem waren einige andere Reliquien ausgestellt, einschließlich eines Zahnes von Johannes dem Täufer, eines Armknochens der Heiligen Anna und eines angeblichen Stück Holzes aus der Krippe des jungen Jesus.

Der Ruhm des Speers hatte inzwischen so zugenommen, daß die Großen aus ganz Europa kamen, um sich an seiner Schönheit zu ergötzen. Isabella von Spanien sandte einen Boten mit einem Stück Musselin, um es von der Speerspitze durchbohren zu lassen und es so zu ihrer eigenen heiligen Reliquie zu machen. Graf Ferdinand von Österreich schickte ebenfalls einen seiner Gesandten mit einem passend großzügigen Geschenk für den Rat, mit der Bitte um Erlaubnis, die Waffe in ein Faß seines Weins tauchen zu dürfen. Er war davon überzeugt, daß er durch das Trinken dieses Weines mit den unbesiegbaren Kräften des Speers ausgestattet werden würde.

Die Reliquie verblieb in ihrer luftigen Höhe, bis sich die Armeen von Napoleon Bonaparte im Frühling 1796 Nürnberg näherten. Es gab Gerüchte, daß der alles erobernde Korsikaner die Lanze nach der Schlacht von Austerlitz für sich gewinnen wollte, um sie als Symbol seiner Macht und seines Schicksals zu benutzen. Um dies zu vermeiden, ließen die Stadtherren die Reichskleinodien abtransportieren und zur Sicherheit nach Wien bringen.

Die Mission wurde einem gewissen Baron von Hugel anvertraut, einem Reichsgesandten aus Regensburg. Er verschwendete keine Zeit und brachte die wertvollen Artefakte über die Grenze. Er versprach, daß er sie in Friedenszeiten zurückbringen würde. Tatsächlich aber nutzte er die Verwirrung über den Besitz der Sammlung nach Auflösung des Heiligen Römischen Reiches 1806 und verkaufte die »Regalia« einschließlich des Speers an die Habsburger, der mächtigen österreichischen Familie, die seit 1440 ununterbrochen geherrscht hatte. Dieses Verbrechen kam jedoch bis zu Napoleons Niederlage bei Waterloo nicht ans Licht. Als die Stadträte von Nürnberg um die Rückgabe ihres Schatzes baten, lehnten die österreichischen

Behörden diese Anfrage ab. Das Eigentum an dem Speer und an den anderen Dingen wurde von ihnen für ihr legitimes Recht gehalten.

In Wien hätte die »Lanze des Herrn« tatsächlich ungestört mit dem Rest des Schatzes neben den Kronjuwelen der Habsburger verweilen können. Jedoch gab es einen wißbegierigen jungen Mann, der den Traum hatte, wie sein Held, Karl der Große, sein eigenes »Tausendjähriges Reich« zu erschaffen. Sein Name war Adolf Schicklgruber, und die Welt würde ihn bald besser kennenlernen – als Adolf Hitler …

Sechs

Hitler und der magische Talisman

Raum 11 der Schatzkammer, versteckt in einem Hof des Kunsthistorischen Museums, war bis auf einen einzelnen Aufseher in der Nähe der Tür menschenleer, als der zerzaust wirkende junge Mann hereinkam. Es war kurz vor Einlaßschluß in diesen Teil des Museums für »Weltliche und Heilige Schätze« der prächtigen ehemaligen kaiserlichen Residenz in Wien gekommen. Der aufsichtführende Mann warf einen flüchtigen Blick auf die Uhr an der Wand, als der Besucher an ihm vorüberging und sich die Ausstellungsstücke ansah. Aufgrund des Zustandes des abgetragenen schwarzen Mantels des Besuchers nahm der Aufseher an, daß er an diesem kühlen Herbstnachmittag nur die Zeit totschlagen wollte, bevor er sich auf den Weg nach Hause machen würde.

Der Besucher, etwa Anfang 20, hatte aber bereits einen Großteil des Tages in der Hofburg verbracht. Er war in Raum 1 mit den Abzeichen, Insignien und Dokumenten der österreichischen Erzherzogtümer gewesen. Dann verbrachte er eine Stunde in Raum 5, in dem Andenken an Napoleon zu sehen waren. Er hatte einen kurzen Blick in Raum 7 geworfen, in dem Juwelen und Edelsteine ausgestellt sind, bevor er weiter zu Raum 8, zu den Erbstücken der Habsburger Familie, ging. Hier sah er sich das seltsame »Horn des Einhorns« an und eine außergewöhnliche Achatschale mit einem Muster, das den Namen Christus ergeben soll.

Der junge Mann las die deutschen Anmerkungen unter den beiden Gegenständen. Das Einhorn, stand da, war ein Fabelwesen des Mittelalters, das die jungfräuliche Geburt und Wiedergeburt Jesus Christus' symbolisieren sollte. Wundersame Kräfte waren seinem Horn zugeschrieben, und Kopien waren für riesige Vermögen verkauft worden. Dieses 2,4 Meter lange Horn stellte sich jedoch als Stoßzahn eines Narwals aus dem 16. Jahrhundert heraus und war ein Geschenk König Sigismunds an Ferdinand I. aus dem Jahr 1540 gewesen.

Die Schale war noch interessanter. Viele Jahre lang wurde sie als Heiliger Gral verehrt, mit dem das Blut Jesu vom Kreuz aufgefangen worden war. Sie war scheinbar 1204 während des Vierten Kreuzzuges in Konstantinopel errungen worden und kam durch die Babenberger, die Vorfahren der Habsburger, in deren Sammlung. Ein Bild der Schale blieb im Kopf des jungen Mannes hängen, als er durch das Museum lief und dabei an deren religiöse Bedeutung dachte, obwohl er seit Jahren nicht mehr zur Kirche gegangen war.

In einem anderen Raum der Schatzkammer konnte er einige der fragwürdigeren Reliquien des Museums begutachten. In einer Glasvitrine befand sich ein hölzernes Fragment, das ein Teil des »Heiligen Kreuzes« gewesen sein soll, neben einem mit Juwelen besetzten Artefakt aus Augsburg mit einem Nagel, der angeblich aus dem Kreuz genommen wurde. In der Nähe gab es ein Teil der Tischdecke des Letzten Abendmahls und ein Stück von Petrus' Zahn, das der Papst 1853 dem Kaiser Franz Josef geschenkt haben soll, nachdem der junge Kaiser knapp der Ermordung entgangen war. Der junge Besucher wurde langsam müde, als er schließlich Raum 11 betrat. Auf den ersten Blick enthielt dieser Raum weitere verzierte Insignien – einige Reichsäpfel, Zepter, Kronen und Schwerter, ein jedes auf einem roten Samtkissen. Die Augen des Besuchers fielen auf den Säbel von Karl dem Großen und auf ein karolingisches Buch der Evangelien, auf die die Nachfolger des großen Königs ihre Eide geschworen hatten. Noch beeindruckender war die achteckige Reichskrone der Kaiser des Heiligen Römischen Reiches aus

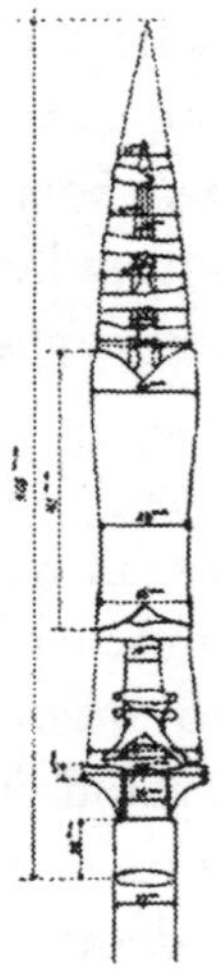

Illustration aus dem Schatzkammer-Katalog, ca. 1910

dem zehnten Jahrhundert. Die Krone war von einem deutschen Schmied für die Krönung Otto des Großen 962 hergestellt worden und verziert mit Edelsteinen und Perlen, besetzt mit Emailleplatten und einem Kreuz über der Stirnplatte. Auf der Beschreibung stand außerdem, daß die Insignie im Jahre 1440 in den Besitz der Habsburger gelangte, als Friedrich III. zum letzten Kaiser des Heiligen Römischen Reichs gekrönt wurde und daß sie 1806 eine Zeitlang vom französischen Kaiser Napoleon beschlagnahmt worden war.

Der Mann in dem abgewetzten Mantel wollte gerade umkehren, als ihm ein weiteres Ausstellungsstück ins Blickfeld kam. Nicht annähernd so prächtig und bedeckt mit Edelsteinen wie die anderen Reliquien, wirkte aber dennoch dieses kleine Objekt am Fuße der Vitrine seltsam faszinierend. Der Besucher sah es sich näher an. Es war eine eiserne Speerspitze, mit der Zeit schwarz geworden und ummantelt mit Silber und Gold und einem Nagel in der Mitte der Klinge. Auf der Beschreibung daneben stand einfach: *Heilige Lanze, Karolingisch, circa 8. Jh.*

Der Besucher war sich nicht sicher, wie lange er dort gedankenverloren gestanden haben mochte, bis die Glocke zur Museumsschließung erklang. Aber der Eindruck, den dieser unscheinbare Gegenstand in ihm hervorrief, würde ihn für den Rest seines Lebens inspirieren, wie er in seiner eigenen Version des Ereignisses schrieb:

> Ich wußte sofort, daß dies ein wichtiger Moment in meinem Leben war, und doch konnte ich nicht weissagen, warum so ein äußerlich christliches Symbol so einen Eindruck auf mich hinterlassen konnte. Ich stand ruhig da und starrte es sehr bewußt an, die Schatzkammer um mich herum. Es schien eine versteckte innere Bedeutung zu besitzen, die sich mir entzog, eine Bedeutung, die ich innerlich kannte, aber mir nicht zu Bewußtsein bringen konnte.

Als der junge Mann die volle Geschichte der Speerspitze erfuhr, hatte sie tatsächlich eine große Auswirkung auf sein Leben und änderte fast das Schicksal der gesamten Welt.

Der junge Besucher der Hofburg an jenem Wintertag 1912 war Adolf Schicklgruber, der spätere Hitler, 23 Jahre alt, ein armer Künstler mit wenig Aussichten und vielen Komplexen. Sein Leben war bis zu jenem Zeitpunkt voller Frustrationen und Mißerfolgen gewesen – obwohl sein Geburtsdatum, der 20. April 1889 in Braunau am Inn, voller Bedeutung gewesen war, da die Gründung Roms auf den gleichen Tag datiert wird.

Sein Vater, ein Zollbeamter, wollte ihn im öffentlichen Dienst unterbringen, aber der junge Adolf sah sich selbst als großen Künstler. Es mag an diesem Ehrgeiz gelegen haben, daß er vorsätzlich schlechte Ergebnisse in seinen Schulabschlußprüfungen schrieb. Nach dem Tod seines Vaters ging er auf eine private Kunstschule in München, verpaßte aber zweimal die Aufnahme an der Wiener Kunstakademie. Man schlug ihm vor, es statt dessen mit Architektur zu versuchen, und wieder einmal wurde er wegen fehlender Abschlußzeugnisse ausgeschlossen. Sein fanatischer Haß auf Intellektuelle und sein späterer Spott gegen die »Herren mit Diplomen«, und nicht zu vergessen seine antisemitischen Ansichten, entwickelten sich in dieser Phase seines Lebens.

In den Jahren 1904 bis 1913 hielt sich Hitler in Wien über Wasser, indem er Postkartenskizzen verkaufte und gelegentlich Innenarchitekturarbeiten übernahm. Das Okkulte faszinierte ihn, und er kaufte gebrauchte Bücher zum Thema oder las sie in öffentlichen Bibliotheken der Stadt. Laut dem Buch des Historikers Alan Bullock, *Hitler – eine Studie über Tyrannei* (1952), las er »weittragend und wahllos alles vom Alten Rom bis zu östlichen Religionen, Yoga, Okkultismus, Hypnose und Astrologie«.

Zweifellos sollte die Zeit, die Hitler in der altertümlichen Stadt verbrachte, eine große Wirkung auf seine Zukunft haben, wie er später voller Selbsterkenntnis in seinem Buch *Mein Kampf* schrieb:

> Wien war und blieb für mich die härteste, obwohl gründlichste, Schule meines Lebens. In jener Zeit formten sich in mir das Weltbild und die Philosophie, die zur Granitbasis all meiner Taten wurden. Zusätzlich zu den Dingen, die ich damals kreierte, mußte ich nur wenig dazulernen und nichts verändern.

Der Ausbruch des Ersten Weltkrieges sollte dem jungen ziellosen Mann die erste Gelegenheit geben, sich zu beweisen. Im Jahre 1914 schrieb sich Adolf Hitler im 16. Bayerischen Reserve-Infanterie-Regiment ein und wurde nach kurzer Ausbildungsphase an die Front nach Ypres geschickt. Hier überlebte er einen schrecklichen Beschuß, bei dem 3000 Männer seines Regiments ums Leben kamen. Hitler selbst zeigte großen Mut während seines Einsatzes und wurde dafür mit dem Eisernen Kreuz zweiter Klasse ausgezeichnet.

Für den größten Rest des Konflikts diente Hitler als Meldegänger und brachte Nachrichten von den Hauptquartieren zu den Einheiten an der Front und umgekehrt. Hier zeigte er wieder so viel Mut und Hingabe an seine Pflicht – einschließlich, so wird behauptet, der eigenhändigen Gefangennahme eines französischen Offiziers und 15 Männern –, daß er zum Unteroffizier befördert und im August 1918 mit dem Eisernen Kreuz erster Klasse ausgezeichnet wurde.

Adolf Hitlers kurzer Ruhm endete, als er in einen britischen Gasangriff geriet. Er lag noch immer verwundet im Krankenhaus, als Deutschland kapitulierte; der Schock war für ihn noch schmerzhafter und traumatischer als seine Wunden. Er kehrte im November 1918 nach München zurück, wo die Reichswehr seine Kriegsleistungen anerkannte und ihn dem Geheimdienst zuwies, um Aktivitäten kleiner Parteien auszuspionieren, wie Nigel Pennick in *Hitler's Secret Sciences* (1981) beschreibt:

> Bald hatte er sich in die Ränke verschiedener okkult-politischer Gruppen eingeschleust, die für umstürzlerisch gehalten wurden. Eines Tages schickten ihn seine Befehlshaber in eine Bierhalle, wo eine neue Gruppe eine Versammlung abhielt. Sie nannte sich die Deutsche Arbeiterpartei, und jede Partei mit dem Wort »Arbeiter« im Titel wurde für anarchistisch oder kommunistisch gehalten. Hitler fand bald heraus, daß das nicht der Fall war, und trat als 7. Mitglied bei. Bald sollte er der Partei seine eigene Weltanschauung auferlegen, und die Partei wurde auf sein Betreiben in Nationalsozialistische Arbeiterpartei (NSDAP) umbenannt.

Der seltsame Ursprung der Partei fand besonderen Anklang bei Hitler. Im Gegensatz zu anderen extremistischen Gruppen fand er diese eher mystisch als politisch, und ihre Mitglieder interessierten sich für dieselben Dinge wie er. Mystische Symbolik spielte eine große Rolle, und Hitlers Interesse an der magischen Theorie von Insignien hatte sich seit seinem Besuch in Raum 11 des Wiener Museums vergrößert.

Er fühlte, daß sich hinter bestimmten Reliquien und Artefakten eine tiefere Magie versteckte. Er glaubte, daß die diesen Symbolen innewohnende Magie sich auf einen neuen Besitzer übertragen konnte und daß er durch ihren Besitz – sogar ihre Beschlagnahmung – ihre Kräfte für sich beanspruchen könnte. Ihr Besitz wäre mehr als symbolisch, es würde eine tatsächliche, funktionierende Wirklichkeit geben, die sein eigenes Schicksal und das der neuen deutschen Welt formen könnte, die er so gern sehen wollte …

Die Aufdeckung der Hitlerschen Besessenheit in bezug auf das Okkulte und besonders in Hinblick auf die Heilige Lanze nach seinem Besuch im Schatzkammermuseum ist dem englischen Schriftsteller Trevor Ravenscroft und seinem Buch *The Spear of Destiny*, erstmals veröffentlicht in London 1972, zuzuschreiben. Die Geschichte wurde zum ersten Mal jedoch schon zwölf Jahre zuvor enthüllt, in einem bemerkenswerten Stück recherchierenden Journalismus' eines irischen Schriftstellers namens Max Caulfield – dessen Werk Ravenscroft seltsamerweise weder im Text noch in Danksagungen noch der Bibliographie erwähnt.

Es ist schwer zu glauben, daß Ravenscroft sich nicht der Recherchen Caulfieds bewußt war, denn beide Männer hatten mit derselben Quelle gesprochen. Wie dem auch sei – der Leser kann seine eigenen Schlüsse dieses Versäumnisses ziehen –, ich möchte demjenigen Ehre geben, dem Ehre gebührt, und berücksichtige das Werk Caulfields zuerst und komme im nächsten Kapitel auf Ravenscroft zurück.

Caulfield, von Natur aus ein energischer und wißbegieriger Mann, wurde 1923 in Belfast als Malachy Francis Caulfield geboren. Als Katholik in einer stark protestantischen und probritischen Gemeinschaft änderte er noch in Schulzeiten seinen Namen in Max und behielt diesen auch als Journalist für den *Belfast Telegraph* bei. Nach seinem Dienst in der britischen Armee während des Zweiten Weltkrieges ließ er sich in England nieder und wurde in den 50ern, 60ern und 70ern zu einer vertrauten Person der Fleet Street in London, wo er für verschiedene nationale Zeitungen schrieb.

1952 veröffentlichte Caulfield seinen ersten Roman, *The Black City*, in dem er, seine eigenen Erfahrungen nutzend, über einen Mann der IRA schreibt, dessen Freundin seinen Rückzug aus der Terroristenorganisation verlangt. Doch er schafft es nicht mehr und stirbt im Einsatz. Obwohl gleichermaßen von Kritikern getadelt wie gelobt, sagte einer, daß das Buch »verunstaltet von Ungenauigkeit und Respektlosigkeit« ist, während ein anderer es dafür lobt, daß es die »IRA nicht verschont«. Der Roman enthält einen einprägsamen Absatz, der häufig zitiert wurde:

> Es war die schwarze Stadt, die so genannt wurde wegen dem, was zwischen Protestanten und Katholiken, zwischen britischen Bastarden und irischen Bastarden ist: Haß und Intoleranz. Es handelt sich um keinen großen Ort – hier gibt es eine Überfülle an Schiffswerften und Gerüsten, Fabrikschornsteinen, unansehnliche Kneipen, öligen Flußbecken und Kilometer um Kilometer enge, schäbige Straßen.

Ein Jahrzehnt später erwies sich Caulfield als ebenso begabter wie geschickter Schriftsteller für Sachbücher, als er eine skrupellos recherchierte Erzählung veröffentlichte, *The Easter Rebellion: Dublin 1916* (1963), die von Kritikern gelobt und mehrere Male neu aufgelegt wurde. Zu den anderen Titeln, die Caulfields Vielseitigkeit sowie sein Talent, Fakten zu enthüllen, zeigen, gehören *A Night of Terror: The Story of the Athenia Affair* (1962), *The Irish Mystique* (1973) und die außergewöhnliche

Biographie *The Beast of Jersey* (1972) über einen Massenmörder, der einen geheimen Raum für Rituale Schwarzer Magie besitzt und seine Opfer mit einer abscheulichen Gummimaske und nagelbesetztem Armschmuck attackiert. Das Buch wurde von Caulfield und der Frau des Mörders, Joan Paisnel, geschrieben und zum Vorgänger für eine ganze Reihe von Büchern über Serienmörder. Außer diesen Büchern verfaßte Max Caulfield lange Artikel für die Fleet-Street-Zeitungen, besonders aber den *Sunday Dispatch*.

Es war die erste Woche im November 1960, als die Zeitung für eine »sensationelle neue Serie« warb – THE SPEAR OF DESTINY – HOW HITLER LIVED BY THE WEAPON THRUST INTO CHRIST (dt.: Der Speer des Schicksals – wie Hitler mit der Waffe lebte, die Christus durchbohrte). Unter Max Caulfields Titel stand: »Zum ersten Mal enthüllt; die unglaubliche Wahrheit über Hitlers Verehrung des Teufels. Er glaubte, daß ihm durch diesen Talisman alle Mächte der Dunkelheit zu Hilfe kommen würden.«

Für die Leser des *Sunday Dispatch*, die ihre Zeitungen am Morgen des 6. November aufschlugen, muß das Ganze eher wie Fiktion denn als Fakt ausgesehen haben, obwohl Caulfield in dem Artikel bereits recht bald seine Quelle nannte:

> Diese unglaubliche, nie zuvor erzählte Geschichte des Krieges wurde mir letzte Woche enthüllt. Die Witwe des bekannten österreichischen Historikers und Dozenten Dr. Walter Johannes Stein öffnete mir dessen unveröffentlichte Archive. Sie zeigen, daß Hitler vom Wunsch, den Speer zu besitzen, besessen war. In seinem verrückten irrwitzigen Kopf glaubte der deutsche Führer, daß er seine mystischen Mächte bündeln könne, und er wurde sein Talisman.

Der Autor erklärte, daß er aufgrund seiner sorgfältigen Untersuchungen der Notizen Dr. Steins ein wahres Bild der Teufelsverehrung Hitlers präsentieren und erklären könnte, wie der Speer des Longinus in das Zentrum seines Glaubens gekommen sei. Warum waren diese Fakten nie zuvor ans Licht gekommen? Historiker hatten mit Sicherheit jedes Geheimnis der Nazis erforscht, sagte Caulfield, aber dieses war das einzige, vorsichtig bewachte Geheimnis, das »bis heute nicht mehr als angedeutet« wurde.

Laut der Notizen von Dr. Stein war Hitler vom Okkulten und von dunklen Mächten beeinflußt worden, als er in Wien ziellos herumwanderte, und auch schon vorher als verwundetes Opfer im Ersten Weltkrieg. Mit dem Wachsen der NSDAP verließ er sich zunehmend auf die okkulte Bruderschaft, um Kontrolle über seine Helfer zu behalten.

An vorderster Front dieser Gruppe stand, so behauptete Stein, ein Wiener Okkultist namens Guido von List, der Anführer einer »Blutsbande«, der Schwarze Magie und sexuelle Perversionen praktizierte. 1848 als Sohn eines Lederverkäufers geboren, hatte er eine Besessenheit in bezug auf die Idee der deutschen Rasse als einem Volk blauäugiger, blonder Krieger entwickelt. Er glaubte außerdem, der letzte Überlebende einer Geheimgesellschaft von Zauberern zu sein, den Armanen, die die Größe des nordischen Typs wiederbringen wollten. Schon in seinen Jugendjahren soll List vor einen Altar des Stefansdoms in Wien gekrochen sein, um dort seinem katholischen Glauben abzuschwören und statt dessen den Schwur zu leisten, dem altertümlichen Gott Wotan einen Tempel zu bauen.

Mit den Jahren wurde List zu einer zunehmend exzentrischen Figur mit langem weißem Bart, der bis an die Hüfte reichte. Er hielt sich als Journalist und Autor zahlreicher Bücher über germanische Mystik über Wasser. Unter diesen Büchern waren *Deutsch-mythologische Landschaftsbilder* (1891) und *Das Geheimnis der Runen* (1908), das anspruchslose Leser anzog und ihm den Ruf des »Vaters des völkischen Okkultismus« verschaffte.

1909 wurde List in der Presse als Kopf einer okkulten Untergrundgruppe dargestellt, die das Hakenkreuz in magischen Ritualen und den Körper einer nackten Prostituierten benutzt hatten, um in einer Zeremonie einen Dämonen zu erwecken. Er hatte anscheinend das Hakenkreuz ein Vierteljahrhundert lang auch als Symbol rassistischer Reinheit und Neu-Heidentums verwendet, ein Fakt, der den späteren Anhängern der jungen Nazi-Partei nicht verloren ging. Als die Nachricht dieser Ereignisse auf der Vorderseite der *Arbeiter-Zeitung* erschien, floh List nach Deutschland.

Nach der sicheren Überquerung der Grenze begann der alternde Mystiker im Geheimen, seine Bande wiederaufzubauen. Er kontaktierte dazu einige seiner früheren Partner, die durch ihren »Blut-Eid« bis zum Tod an die Gruppe gebunden waren. Er suchte auch neue Rekruten – ein Prozeß, dem die demoralisierenden Auswirkungen des Ersten Weltkrieges und der Wunsch einiger Gruppen der Bevölkerung nach magischen Erfahrungen Vorschub leisteten. Als Hitler an die Macht gelangte, war die Gruppe wieder stark:

> Die Nazi-Blutsbande traf sich, um geheime Rituale in Verehrung Hitlers abzuhalten. Ein symbolischer Tropfen seines Blutes wurde in den Zeremonien verwendet. Unter den Mitgliedern befanden sich Julius Streicher, der wichtigste Judenköder; Alfred Rosenberg, der Rassentheoretiker; Heinrich Himmler, Führer der Gestapo; und Hermann Göring, stolzierender Führer der Luftwaffe. Mit Hitler zusammen suchten diese Männer teuflische Macht, indem sie alles Heilige pervertierten: ihr Hakenkreuz war ein vorsätzlich umgekehrtes Bildnis eines frühen christlichen Symbols; ihre Gier nach dem Heiligen Speer diente denselben Prinzipien: Sie wollten dessen Macht besitzen.

Der Speer war natürlich noch weit von Hitlers Griff entfernt – in Wien. Aber als er sich entschied, 1938 in Österreich einzufallen, wußte er, daß er die Reliquie bald mehr als nur in der Vitrine anstarren konnte. Laut Dr. Stein glaubte der »Führer«, daß er, sobald er im Besitz der Reliquie sei, »den magischen Talisman zur Beherrschung der Welt« nutzen könnte.

Hitlers angebliche magische Kräfte erregten die Aufmerksamkeit weiterer Historiker, läßt Caulfield wissen, obwohl er diesbezüglich keine Quellen nennt. Er könnte die Worte Alan Bullocks gemeint haben, der 1952 schrieb: »Hitlers Talent, ein Publikum zu bezaubern, wurde mit den okkulten Kräften eines afrikanischen Medizinmannes oder denen eines asiatischen Schamanen verglichen.« Seit damals hat Francis King noch genaueres über ihn in *Satan and Swastika: The Occult Nazi Party* (1976) geschrieben:

> Es gibt einen weiteren Aspekt der Tätigkeiten des Führers, der einige zeitgenössische Okkultisten fasziniert hat. Sie sagen, daß er ein Meister ritueller Magie, Kunst und Wissenschaft war, der Änderungen des Bewußtseins dem Willen entsprechend herbeiführen konnte. Bis auf ein oder zwei Fälle sagen sie nicht, daß er die Art Magie ausgeübt hat, bei der entweder primitive Hexerei zum Einsatz kam oder er sich in weiße Roben kleidete, magische Kreise um sich zog oder Lieder sang, bis sich ein Dämon körperlich offenbarte. Was sie sagten, ist, daß Hitler von anderen Techniken der Bewußtseinsveränderung beigebracht wurden, wie sie von den rituellen Zauberern moderner Brüderschaften wie Golden Dawn und Rose-Croix verwendet wurden.

An diesem Punkt in Max Caulfields Bericht stellt er einen weiteren wichtigen Teilnehmer des Dramas vor: SS-Oberst Conrad Buch, Leiter des Obersten Parteigerichts, ein Mann, der zu Friedenszeiten als Anwalt tätig war und nun als persönlicher

Berater Hitlers arbeitete. Als dünner, finsterer Preuße erlangte er Hitlers Vertrauen, indem er rücksichtslos die Freimaurerei in Deutschland zerstörte und ein Dossier über die Macht der Römisch-Katholischen Kirche im Land erstellte. Er hatte außerdem mehr als ein vorübergehendes Interesse am Thema seiner Mission, wie Caulfield schrieb:

> Dr. Stein fand heraus, daß Buch einer der elitären Nazis war, die Hitlers sagenhaften Glauben in die geheime, gefährliche, okkulte Welt teilten. Er wußte alles über den Speer, dessen Besitz sein Führer so sehr ersehnte und teilte seinen Glauben an dessen Macht.

Noch bevor Hitler seinen Plan der Eroberung Österreichs ausführte, sandte er Buch in geheimer Mission nach Wien. Er sollte sicherstellen, daß der Speer und die anderen wertvollen Reliquien des altertümlichen Deutschen Reiches, die sogenannten Reichskleinodien, nicht vor seiner Ankunft »hinweggezaubert« würden, wie es im Falle anderer Invasoren geschehen war. Hitler erklärte dem SS-Oberst, daß er den Speer persönlich zu erhalten wünsche, wenn er das nächste Mal die Schatzkammer betreten würde.

Buch erreichte Wien einige Tage vor dem Anschluß am 12. März als Geschäftsmann verkleidet. Er fuhr zu einem kleinen Hotel, einige hundert Meter vom Museum entfernt, und buchte ein Zimmer. In seinem unschuldig aussehenden Koffer befanden sich seine SS-Uniform, eine Luger-Pistole, mit der er gut umzugehen wußte und seine geheimen Anweisungen. Er war beauftragt worden, jeden umzubringen, der den ehrgeizigen Plan des »Führers« zu durchkreuzen versuchte.

Über eine Woche lang mischte sich Buch unter die Touristenmassen, sich seiner Zukunft nicht bewußt. Er studierte die Grundrisse der Zimmer mit typischer preußischer Genauigkeit und schlüpfte ab und zu unauffällig in Raum 11, wo der Speer und die anderen wichtigen Gegenstände lagen. Er überließ nichts dem Zufall.

Dann, am Abend des Anschlusses, als Feldmarschall Wilhelm Keitels 8. Armeegruppe und verschiedene andere berühmte Panzerdivisionen die Grenze nach Österreich überquerten, handelte Buch schnell. Eine Gruppe Nazi-Sturmtruppen, bestehend aus der ersten Welle deutscher Soldaten in Wien, war ihm zugeteilt, und er wußte, daß sie genaue Anweisungen hatten, seine Befehle haargenau auszuführen. Als die Männer ankamen, zog er seine Uniform an und marschierte mit ihnen die Ringstraße entlang zum Kunsthistorischen Museum. Keiner hielt die Gruppe schwarz gekleideter Männer auf, als sie in die Schatzkammer schritten.

Innerhalb einer Stunde hatten der Oberst und seine Sturmtruppe alle Teile der Reichskleinodien in Kisten verpackt, besondere Vorsicht galt dem zerbrechlichen Speer, den Buch separat trug. Er wollte, daß bei der Ankunft des »Führers« in Wien alles perfekt sein würde.

Aber die Ankunft des »Führers« wurde erst für den nächsten Tag erwartet. Erst wollte dieser nämlich seinen Geburtsort Linz besuchen und einen Kranz auf das Grab seiner Mutter bei Leonding legen. Hitler, der zunehmend vorsichtiger wurde, was seine Sicherheit anging, wollte außerdem zusätzliche Sicherheitsvorkehrungen in der Stadt treffen, um jegliche Störungen durch Demonstranten oder Attentäter zu vermeiden.

Caulfield beschrieb dann einen weiteren bedeutenden Moment in der langen Geschichte der Heiligen Lanze:

> Riesige Massen von über 200 000 Menschen begrüßten freudig die Ankunft Hitlers in Wien. Er fuhr zur Parade vor die Hofburg, wo er die österreichische SS inspizierte und die Schmeicheleien der Menschen empfing. An jenem Abend, bei einem glänzenden Empfang im königlichen Palast, übergab Oberst Buch dem Führer seinen Speer. Die Gäste feier-

ten den Nazi-Erfolg mit Champagner, als Buch und seine Gruppe den Raum betraten. Sie trugen den Speer durch den überfüllten Empfangsraum zu Hitler.

Die Fersen zusammenschlagend salutierte Oberst Buch mit dem Hitlergruß und sprach: »Die Heilige Lanze, mein Führer«. Die Auswirkungen waren erstaunlich. Eine fast ehrfürchtige Stille überkam die Versammlung, als er seine Trophäe präsentierte. Wie es mit allen Habsburger Kaisern geschehen war, ließ sich Hitler mit dem Speer die Schulter berühren.

Laut Dr. Stein bewegten sich einige anwesende österreichische Adlige unbehaglich auf ihren Stühlen. Sie sahen sich besorgt an, als ihr neuer »Führer« den Speer in den Händen hielt und seine Augen vor Behagen glänzten, als hätte er etwas bekommen, das er schon seit Jahren wollte – was ja auch so war. Aber für einige Männer in diesem Raum und an jenem Abend schien das, was sie bezeugen mußten, fast gotteslästerlich. Denn war dies nicht ein Mann, den das Okkulte und Übernatürliche auf seiner Suche nach Macht faszinierte? Die Worte, die er dann an die versammelte Gesellschaft richtete, taten wenig, um die Ängste zu unterdrücken:

Ich fühle den Ruf der Vorsehung zu mir kommen. Ich wurde mit der Mission beauftragt, das Deutsche Volk wiederzuvereinen, mein Heimatland mit dem Reich zu vereinen. Ich habe an diese Mission geglaubt, ich habe für sie gelebt, und ich glaube, daß sie nun vollzogen ist. Möge jeder Deutsche morgen die Stunde erkennen und ihre Wichtigkeit ermessen und sich in Demütigkeit vor dem Allmächtigen verbeugen, der in wenigen Wochen solch ein Wunder über uns gebracht hat.

In diesem Moment – wie Dr. Walter Johannes Stein später in seinen Notizen schreiben sollte – begann er zu fürchten, daß Hitler den Speer nicht zum Guten benutzen würde, wie so viele vor ihm, sondern zum Bösen. Bewaffnet mit diesem Symbol der Unbesiegbarkeit würde nichts außerhalb seiner Kraft stehen. Caulfield glaubte nach den Untersuchungen von Dr. Steins Notizen, daß er die versteckte Bedeutung in Hitlers seltsamer Rede erklären konnte:

> Nur diejenigen, die Hitlers dunkle Geheimnisse mit ihm teilten, konnten die wahre Bedeutung der Rede ahnen. Er dankte nicht Gott. Er sprach sein Dankesgebet an die Mächte der Dunkelheit. In dieser höchsten Gotteslästerung verband er seinen Glauben und seine Zukunft mit ihnen. Mit dem Speer des Schicksals an seiner Seite dankte er dem Teufel.

Ein Bericht aus dieser Zeit besagt, daß Hitler eine Stunde allein mit dem Speer verbrachte, genau wie er es ein Vierteljahrhundert zuvor getan hatte. Er schickte alle aus dem Zimmer, sein Gefolge ebenso wie die österreichischen Beamten und geladenen Gäste, während er in aller Stille die kleine Speerspitze in seinen Händen betrachtete.

Wahr oder nicht, Max Caulfield sagte, daß Dr. Steins Aussagen darauf hindeuteten, daß Hitler den Speer mehrere Monate lang eifersüchtig an seiner Seite behielt, nachdem er in dessen Besitz gekommen war. Da eine Nation nach der anderen während des Blitzkrieges, den seine Armee und seine Luftwaffe führten, fiel, hatte der »Führer« guten Grund, an seine unbesiegbaren Kräfte zu glauben. Sogar in jener Zeit, in der das umkämpfte England und einige seiner wenigen Alliierten Widerstand leisteten, schien es, als könnte nichts und niemand seine Pläne der Weltherrschaft durchkreuzen.

Tatsächlich schien Hitlers Macht während der nächsten Jahre absolut. Aber, wie Caulfield im zweiten Teil seiner Untersuchungen enthüllen sollte, die Heilige Lanze sollte Hitler in einer Weise beeinflussen, wie er es sich nie vorgestellt hätte.

Was der Schriftsteller nicht enthüllte, war Dr. Steins Verwicklung in bezug auf Winston Churchill und das Interesse dieses Staatsmannes am Speer, ganz besonders in Hinblick auf die Handlungen, die der britische Premierminister unternahm, um Hitler davon abzuhalten, den Speer zur Realisierung seines schrecklichen Vorhabens einzusetzen.

Sieben

Die Churchill-Verbindung

Kensington, im Herzen Londons, mit seinen berühmten Gärten und seinen eleganten Stadthausreihen in kleinen Enklaven hinter beiden Seiten der geschäftigen High Street, ist schon für viele unterschiedliche, im Exil lebende Ausländer ein Zuhause gewesen. Ab dem späten 19. Jahrhundert bis zum Zweiten Weltkrieg kamen zahlreiche Männer, Frauen und Kinder hierher, um der Verfolgung in ihren Heimatländern zu entgehen und sich ein neues Leben in einem Land aufzubauen, das eines der wenigen konstanten Freiheitszentren der Welt ist.

Dr. Paul Tabori, ein im Exil lebender Ungar, war so ein Mann. 1908 in Budapest geboren, erwarb er 1930 den Doktortitel in Wirtschafts- und Politikwissenschaften an der dortigen Universität und arbeitete als Journalist und Literat. Als die Bedrohung durch die Nazis im Jahre 1938 immer näher rückte, zog er nach London und machte Kensington bei Stafford Terrace zu einem zweiten Zuhause. Ein kleiner, bebrillter Mann mit einem Schnurrbart und einem leichten Lächeln auf den Lippen, wurde Tabori eine bekannte Person in der Londoner Literaturszene, die sich während und nach dem Krieg als Schriftsteller oft umstrittener Bücher über Prophezeiungen und das Okkulte einen Namen machte. Er war außerdem ein Freund von Dr. Johannes Walter Stein, dem Mann, der alles über Hitler und den Speer des Longinus wußte und die wichtigste Informationsquelle für Max Caulfield und Trevor Ravenscroft war.

Taboris Interesse an und Einstellung gegenüber Deutschland wird in seinem ersten Roman, *They Came To London* (1943), ersichtlich. Die Geschichte handelte von der Zweiten Front, und seine Insiderkenntnisse der Nation und ihrer Anführer wurde weiter im 1949 veröffentlichten *The Private Life of Adolf Hitler* gezeigt. In den folgenden Jahren führten seine Kenntnisse des Übernatürlichen und Okkulten, die er seit seiner Jugend entwickelt hatte, zu einer Karriere als Herausgeber einer Reihe radikaler Bücher über die letzten Forschungsergebnisse in bezug auf Geister, Spiritismus und Magie. Daß er Vizepräsident des *Ghost Club* und literarischer Testamentsvollstrecker des Erbes von Harry Price – eines der großen Erforscher des Übersinnlichen des letzten Jahrhunderts, der seine unübertroffene Bibliothek mit Büchern, Dokumenten und Fotos dem *University College* in London vermacht hatte – war, machte Tabori zu einem Magneten für Ermittler auf diesem Gebiet. Ich zähle mich zu den wenigen Privilegierten, die zu dieser Gruppe Menschen in seinen späteren Lebensjahren Zugang hatten.

Es war deshalb wohl unvermeidlich, daß Dr. Stein und er zusammentreffen würden. Nicht nur, weil sie nah beieinander wohnten (Dr. Steins Haus war gleich auf der anderen Seite der Kensington High Street in Pembroke Gardens), sondern weil sie ihr Interesse an Hitlers Besessenheit vom Okkulten teilten. Dank Paul Taboris Anfragen verfügen wir über Details zu Dr. Stein und seiner Arbeit für Premierminister Winston Churchill in Kriegszeiten.

Walter Johannes Stein wurde 1891 in Wien geboren. Sein Vater war Rechtsanwalt, der sich auf Internationales Recht spezialisiert hatte und kurze Zeit Hoffnungen hegte, sein Sohn werde in seine Fußstapfen treten. Statt dessen ging Walter an die Technische Universität am Getreidemarkt, wo er Mathematik und Physik studierte und Interesse am Übersinnlichen entwikkelte.

Der Erste Weltkrieg unterbrach Steins Studium, aber 1918 schrieb er dennoch seine Doktorarbeit in Philosophie, während er an der russischen Front in der Österreichischen Reichsarmee diente. Vor diesem chaotischen Hintergrund, der ihm den Rang eines Hauptmanns einbrachte und bei dem er Auszeichnungen für seinen Mut erhielt, produzierte er eine bahnbrechende Doktorarbeit, die die höheren Bewußtseinsniveaus mit den menschlichen Organen und der Biochemie des Körpers verband. Mit dieser Arbeit sah er psychophysische Forschungen voraus, die fast ein halbes Jahrhundert später stattfinden würden.

Während dieser Phase seines Lebens wuchs Steins Faszination in bezug auf das Übersinnliche. Sein Interesse fokussierte sich besonders auf die Legende vom Heiligen Gral, und diese wiederum führte ihn zum Speer des Longinus. Oft ging er von der Universität zum Museum in der Hofburg, um die Achatschale mit dem Muster des Namen Christus in Raum 8 und die Heilige Lanze drei Zimmer weiter zu studieren. Es gibt einen Bericht, wonach er im Raum anwesend war, als Hitler den Speer zum ersten Mal sah, aber es gibt keine Beweise für diese Behauptung.

Nach dem Krieg begann Dr. Stein 1919 mit dem Unterrichten von Geschichte und Literatur an der ersten Waldorf-Schule in Stuttgart unter Direktor Rudolf Steiner. Es war auch hier in Deutschland, wo er sich einen Ruf als Experte für mittelalterliche Geschichte erwarb und ein Buch über den Heiligen Gral zu schreiben begann. Er versuchte hiermit eine Verbindung zwischen den tatsächlichen geschichtlichen Ereignissen und den Episoden der europäischen Gralssagen des 12. und 13. Jahrhunderts, insbesondere von Eschenbachs *Parsifal*, herzustellen. Das Ergebnis war das Werk *Das Neunte Jahrhundert und Weltgeschichte im Lichte des Heiligen Gral*, ein »Buch für den Gral des 20. Jahrhunderts«, um die Information des Verlages zu zitieren. Das Buch wurde Ostern 1928 in Stuttgart herausgegeben und seitdem als eines der maßgeblichen Werke zum Thema bezeichnet.

In dem Werk zitiert Dr. Stein verschiedene Referenzen zur Heiligen Lanze in *Parsifal* und läßt den Leser nicht an seinen exakten Nachforschungen beim Schreiben des Textes zweifeln. So schrieb er in dem Nachwort:

> Die hier als Bild aus Parsifals Vorstellung porträtierte Lanze ist auch ein historisches und reelles Objekt. Zuerst benutzte sie der Zenturio Longinus, der die Seite Christus', der am Kreuz hing, durchbohrte und eine Legende erweckte, die aus Zobingen in der Nähe von Ellwangen stammt. Der Syrer Ephraim im 39. Choral der sogenannten Nisibinischen Kirchenlieder bringt die Lanze in Verbindung mit der Lanze von Phineas. Er sagt, daß die Lanze ursprünglich den Baum des Lebens bewacht hatte. Adam, der gefallen war, kehrte durch sie ins Paradies zurück.

Der Autor faßte dann die Geschichte des Speers so zusammen, wie auch ich es in diesem Buch getan habe und listete die Herrscher und Könige auf, die sie einst besaßen. Er erwähnte noch drei weitere Lanzen in Rom, Krakau und Armenien, denen wir uns später zuwenden werden. Steins Verweis, daß die Legende in Deutschland begann, ist deshalb interessant, da er die Aussage erklären würde, nach der Longinus germanischer Herkunft gewesen sein könnte.

Dr. Stein führte während der 30er Jahre seinen Unterricht und seine Nachforschungen in Deutschland fort und war außerdem als Dozent, Ökonom und Herausgeber eines in englischer Sprache verfaßten Magazins, *The Present Age*, das er von 1935 bis zum Ausbruch des Krieges leitete, tätig. In der Zwischenzeit zog es ihn auch mehrmals nach London, besonders 1936, als er gebeten wurde, König Leopold, den Belgier, zu begleiten, um eine Ansprache über die Befürwortung eines gemeinsamen Marktes zu halten. Während dieser Zeit wurde ihm mehr und mehr bewußt, was in Deutschland unter dem neuen Nazi-Regime vor sich ging. Als Stein sich später in London niederließ, erzählte er dem ebenfalls im Exil lebenden Dr. Paul Tabori in den Jahren ihrer Freundschaft, die bis zu seinem Tod 1957 dauerte, weitere Details seines früheren Lebens. Tabori wurde sogar der zweite Schriftsteller, der Details über Hitlers Besessenheit in Hinblick auf den Speer veröffentlichte, und er war der erste, der die Rolle Winston Churchills enthüllte. Ein Artikel für die Londoner *Evening News* im Dezember 1972 beinhaltete diese Behauptungen. Er wurde geschrieben, um das Buch *The Spear of Destiny* von Trevor Ravenscroft vorzustellen, das im folgenden Frühling veröffentlicht werden sollte und zu dem sein Freund beigetragen hatte. Der Artikel stellte sich als hervorragende Weihnachtslektüre heraus, denn Tabori behauptete, daß sein Freund ihm von einem Treffen mit Hitler in einem Buchladen für gebrauchte Bücher in Wien erzählt hatte:

> Stein gehörte einer mystischen Gesellschaft an, die ihren Mitgliedern das Hellsehen beibrachte. Der Doktor beurteilte den heruntergekommenen Hitler nach einem ersten Treffen als einen Menschen mit besonders viel Potential für das Böse. Er traf Hitler mehr als ein Jahr lang in regelmäßigen Abständen und sie diskutierten über Magie, sowohl schwarze als auch weiße. Er sah Hitler in Trance (wie er glaubte) böse Geister mit großen Mächten kontaktieren.

Später, schrieb Tabori, konnte die Gruppe hellseherisch die Rituale beobachten, durch die die Nazi-Bewegung an die Macht kam. Jedoch glaubte der »innere Kreis« der NSDAP, daß drei ihrer Mitglieder, Dietrich Eckhart, Professor Karl Haushofer und Hitler, selbst »übermenschliche Kräfte entwickelt« hatten. Die Männer wußten auch, daß ihre geheimsten Treffen auf dieselbe Art beobachtet wurden. Der Artikel besagte weiter:

> Himmler gab Anweisungen, diese Gefahr zu beseitigen, aber Stein wußte dies vorher und floh nach Belgien. Viele seiner Kollegen wurden zusammengetrieben und ermordet. Die

Vernichtung dieser Gruppe Mystiker war das erste Nazi-Pogrom und stand auf der Liste der Prioritäten der Nazis noch vor den Juden und Zigeunern.

Doktor Stein machte sich auf den Weg nach London, wo ihm ein Leser des *The Present Age* beim Finden eines neuen Zuhauses in Pembroke Gardens half. Hier begründete er eine riesige Sammlung an Geschichts- und Okkultismusbüchern, die schlußendlich mehrere Räume einnahm. In seinem Salon hing ein Druck von Rembrandts *Red Knight of the Grail* über der Feuerstelle, auf dem ein mächtiger Krieger mit dem Heiligen Speer abgebildet war. Es war eines seiner liebsten Besitztümer.

Steins Freunde halfen ihm auch bei der Suche nach einem Büro in der Nähe von Beaufort Gardens, um dort Psychologie zu praktizieren. Dies alles wurde jedoch laut Tabori innerhalb weniger Monate nach seiner Ankunft nur als Tarnung benutzt, da ihn der britische Geheimdienst engagiert hatte. Seine Kenntnisse der Nazi-Partei waren von unschätzbarem Wert, und mit Einverständnis der Ämter machte er mindestens eine geheime Reise zurück nach Europa. Sein Nachbar und Freund schrieb:

> Andeutungen, die Nazi-Bewegung hätte ihre Wurzeln in Schwarzer Magie – und Spuren davon, daß sich einige Individuen in Großbritannien dessen bewußt waren –, sind in letzter Zeit in Europa aufgekommen, besonders in Frankreich seit der Mitte der 50er Jahre. Es war allgemein behauptet worden, daß keine Beweise zur Unterstützung einer solch unglaublichen Idee gefunden werden konnten. Dr. Stein war jedoch nach Beginn des Krieges nach Europa zurückgeschickt worden, und seine Informationen ließen im Westen die Alarmglocken erklingen.

Es gibt ebenfalls überzeugende Beweise, daß der freundliche und zurückhaltende Doktor mit seiner goldumrandeten Brille, der mit seiner Erscheinung eher an einen Professor als an einen feindlichen Agenten erinnerte, weitere wertvolle Informationen auf seiner Reise gesammelt hatte: nichts weniger als die Details der »Operation Seelöwe«, der geheimen Invasionsplanung Deutschlands für England. Diese wurden umgehend zu einer genauer Prüfung an Winston Churchill und seine Berater weitergeleitet.

Seit seiner Rückkehr war Dr. Walter Stein laut Tabori zum »geheimsten und am wenigsten von Hitler und führenden Mitgliedern der Nazi-Partei vermuteten Berater« des Premierministers geworden. Er berichtete in regelmäßigen Abständen an eine kleine Gruppe Berater, die alle Informationen über den »Führer« und seine Besessenheit in bezug auf das Okkulte auswerteten – Informationen, die in gewöhnlichen politischen Kreisen abgewiesen würden. Die Namen dieser Männer, mit denen sich Stein während der Kriegsjahre traf, wurden nie enthüllt, aber man glaubt, daß unter ihnen John Buchan war, der zwei Bücher über das deutsche Interesse an magische Mächte schrieb: *The Judgement of Dawn* und *A Prince in Captivity*; außerdem Hilary St. George Saunders, dessen Bücher *Seven Sleepers* und *The Hidden Kingdom* die dunkle Bedrohung durch die Nazi-Esoterik anprangerten; und Rudyard Kipling, der verlangte, daß alle Swastika-Symbole, die seit Jahren auf seinen Romanen prangten, nun entfernt werden sollten.

Tabori schrieb, daß Winston Churchill persönlich Anweisungen gab, die Aktivitäten aller Deutschen, die mit Okkultismus im Dritten Reich verbunden waren, zu beobachten. Seltsame und bizarre Entdeckungen sollten so genutzt werden, wie es den Briten am meisten nützte. Es gab zwei Möglichkeiten: solche Ideen zu verspotten oder das Übernatürliche zurück zu seinen Verursachern zu schicken. Was nicht getan werden sollte, war, das Thema abzuweisen.

Es bleibt Tatsache, daß der Premierminister trotz seiner riesigen Arbeitslast und seiner überaus realistischen und praktischen

Natur offen für das Übersinnliche blieb. Er war ein Mann, der an das Schicksal glaubte, sowohl an sein eigenes als auch an das der anderen, und er war gut über Hitlers Besessenheit informiert. So wußte er zum Beispiel, daß der »Führer« seinen eigenen Astrologen hatte, den er häufig konsultierte, wie Francis King in seinem Buch *Satan and Swastika* schrieb:

> Solche Berichte wurden in London so ernst genommen, daß das britische Kriegsministerium im Herbst 1940 und im Frühling 1941 einen professionellen Astrologen einstellte in der Hoffnung, durch Hitlers Horoskop seine nächsten Schritte zu erfahren. Solch eine Hoffnung ist nicht so verrückt, wie sie zu sein scheint, denn es ist eine Tatsache, daß viele von Hitlers großen Initiativen zu einem Zeitpunkt unternommen wurden, der laut seinem Horoskop Erfolgschancen versprach.

Das Mysterium um die Gruppe um Dr. Stein war beabsichtigt. Es war alles Teil einer Vertuschung der Informationen über Hitlers Okkultismus. Tatsächlich bestand Winston Churchill auch nach dem Kriegsende noch auf der Geheimhaltung der Fakten, wie Paul Taboris Artikel erklärte:

> Churchill glaubte, daß die wahre Natur des Konflikts zwischen Deutschland und dem Westen so unglaublich war, daß jeglicher Versuch, die Fakten zu enthüllen, ganz einfach verspottet würde. Am Ende des Krieges wurde ein Vertuschungspakt auf höchster Ebene geschlossen und die Nürnberger Prozesse so arrangiert, daß sie die Top-Nazis als »normale Kriminelle« hinstellten. Das große Geheimnis war eines, sagte Churchill, »das unter keinen Umständen der Öffentlichkeit bekannt werden dürfe«.

Und was war das Geheimnis, das Churchill nicht verraten wollte? Es war, daß in Hitlers Kreisen der Glaube vertreten wurde, daß sie im Gegenzug für eine Zerstörungsflut Energien freisetzten, die eine Mutation der menschlichen Art hervorrufen könnten. Dies würde dann eine neue und satanische Art hervorbringen. Die speziell gezüchtete, blonde Elite der SS wurde in der Brandenburger Organisation in Berlin dazu ausgebildet, diese genetischen Veränderungen zu unterlaufen. Die Herrenrasse würde folgen, nicht als Redewendung, sondern als biologische Tatsache. Der Rest der menschlichen Rasse würde zu einer Sklavenrasse verkommen.

Sogar nach den Nürnberger Prozessen 1946 versuchte Stein, den Premierminister zu einer Meinungsänderung zu bewegen, aber Churchill blieb unnachgiebig. Die materialistische Art des Westens würde es unmöglich machen, die Enthüllungen ernstzunehmen, sagte er, und die westliche Welt würde eine Lehre verlieren, die sie vielleicht später lernen könnte. Von da an bis zum Tod des Wiener Doktors wurde Druck auf ihn ausgeübt, damit er keine seiner Kriegserfahrungen preisgab.

Am Ende des Artikels informierte Paul Tabori darüber, daß jedoch ein weiterer Schriftsteller, Trevor Ravenscroft, Zutritt zu dem »Koffer voller Unterlagen« hatte, den Dr. Steins Witwe Eliza zuerst Max Caulfield gezeigt hatte. Ravenscroft hatte wahrscheinlich noch mehr Beweise über Hitler und den Einfluß des Okkulten im Dritten Reich entdeckt. Nach Jahren eigener Nachforschungen war er jetzt dabei, ein Buch über die wahren Ausmaße der Interessen des »Führers« zu veröffentlichen und ganz besonders über seine Besessenheit in bezug auf die Heilige Lanze des Longinus. Sein Buch *The Spear of Destiny* sollte außerdem die Fakten enthüllen, welche Rollen einige von Hitlers engsten und finstersten Genossen in dieser Zeit der Geschichte gespielt hatten.

In den letzten Jahren wird jeder, der sich für die Legende des Speers interessierte, Trevor Ravenscrofts Buch *The Spear of Destiny* gelesen haben. In ihm beschreibt der Autor die okkulten Mächte hinter dem Speer und wie Hitler diese Mächte in seinem Griff nach der Weltherrschaft umkehrte. 1973 veröffentlicht, wurde das Buch ein Bestseller in Großbritannien und Amerika; zudem wurde es in über zwölf Sprachen übersetzt.

Ravenscroft, ein großer Mann mit starkem Bart und fast messianischen Augen, war in vielerlei Hinsicht so faszinierend und rätselhaft wie sein Buch. 1921 als Sohn einer wohlhabenden englischen Familie geboren, wurde er in Repton ausgebildet und erlangte dann Zutritt zur *Sandhurst Military Academy*, wo er als vorbildlicher Student angesehen wurde. Als der Zweite Weltkrieg ausbrach, trat er dem neu gebildeten Kommando bei und wurde mit einer von Oberstleuntnant Geffrey Keyes kommandierten Einheit nach Nordafrika geschickt, wo die britische Armee ein verzweifeltes Nachhutsgefecht gegen Feldmarschall Erich Rommels Panzertruppen führte.

Laut Ravenscroft wurde Oberstleutnant Keyes mit einem Attentat auf Rommel beauftragt, als die Deutschen drohten, Libyen zu stürmen und nach Ägypten einzudringen, um den Suez-Kanal zu beschlagnahmen. Ravenscroft war Mitglied dieser Unglücksgruppe und einer derjenigen, die von den Deutschen gefangengenommen wurden. Sein Schicksal war es, nach Deutschland transportiert zu werden, wo er von 1941 bis 1945 als Kriegsgefangener blieb. Laut seinen eigenen Berichten floh er drei Mal und wurde jedes Mal wieder eingefangen. Ravenscrofts Inhaftierung sollte jedoch auf unerwartete Art und Weise große Auswirkungen auf sein restliches Leben haben, wie er später erklärte:

> Als ich im Nazi-Camp war, las ich viel über das Okkulte und entwickelte meine höheren Bewußtseinsebenen. Die Natur dieser transzendentalen Erfahrung führte mich zu einer Studie des Heiligen Grals und zu Nachforschungen bezüglich der Geschichte des Speers von Longinus und der Legende des Schicksals der Welt, die um ihn gewachsen war.

Gegen Ende des Krieges kehrte Ravenscroft als veränderter Mann nach London zurück. Eine Zeitlang studierte er am *St. Thomas Hospital*, während er Hinweisen zum Heiligen Gral und zum Speer folgte. Unter den einflußreichsten Büchern, die er las, war Dr. Steins *The Ninth Century and the Holy Grail*, was ihn zu seiner ersten Frage nach dem möglichen Verbleib der Schale, die das Blut Christus gesammelt hatte, inspirierte. Seine Suche brachte ihn nach Rosslyn in Midlothian, wo einst eine Gruppe des Templerordens, die sich auf der Flucht nach Schottland befand, einen Friedhof gebaut hatte. Der Historiker Chris Thornborrow hat in seinem Artikel *Eine Einführung zu aktuellen Theorien über den Heiligen Gral* folgendes beschrieben:

> Der berühmte Gralsucher Trevor Ravenscroft behauptete 1961, daß er eine 20 Jahre dauernde Suche nach dem Gral an der Rosslyn-Kapelle beendet hat. Er behauptete weiter, daß der Gral in dem sogenannten *Prentice Pillar* (Prentice-Säule) in der Kapelle versteckt war. Die Kapelle wird jetzt oft von Gralsuchern besucht und viele Verbindungen zum Gral können in ihren Steinen und Fenstern gefunden werden. Metalldetektoren wurden an der Säule eingesetzt, und es befindet sich tatsächlich ein Objekt der passenden Größe in ihrer Mitte. Lord Rosslyn verweigert aber unnachgiebig eine Röntgenuntersuchung der Säule.

Davon überzeugt, die Lösung des Mysteriums gefunden zu haben, richtete Ravenscroft seine Aufmerksamkeit auf die andere Hälfte seiner Obsession: den Speer des Longinus. Laut seiner Version der Vorkommnisse in *The Spear of Destiny* suchte er Dr. Stein in dessen Haus in London auf und stand »in engem Kontakt mit ihm, bis er 1957 starb«. Die Biographie des Autors, nachzulesen auf dem Umschlag seines Buches, behauptet auch, daß er »zwölf Jahre lang unter Dr. Walter Johannes Stein Geschichte studiert« und seit 1945 weitreichende Forschungen

Eine griechische Illustration aus dem zwölften Jahrhundert, die Longinus bei der Kreuzigung zeigt. Das Blut Christi wird im Heiligen Gral aufgefangen.

Eine Kopie des Heiligen Speers im Ciborium des Petersdoms in Rom aus dem Jahr 1606.

Karl der Große mit der Heiligen Lanze – ein Bild des französischen Künstlers Vétault.

Der Speer, vom Kreuzfahrer Graf Raimund im Juni 1098 getragen.

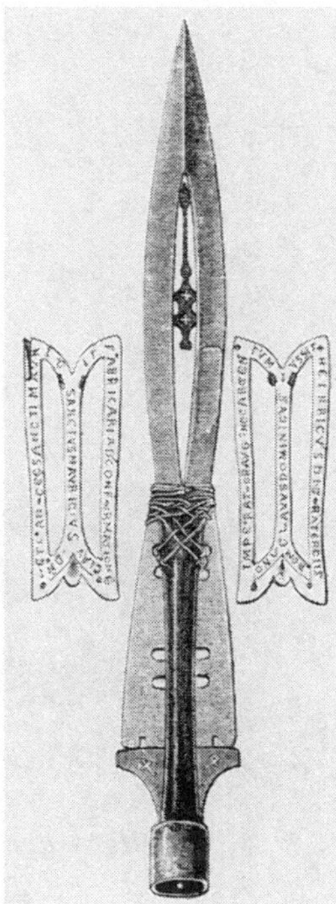

Eine Zeichnung der »Lanze von St. Maurice« aus dem 19. Jahrhundert.

Hitler – der »Eisliebhaber« –, der mit dem Speer die Welt beherrschen wollte.

Die heilige Lanze mit den anderen Gegenständen der Reichskleinodien des Heiligen Römischen Reiches in Wien.

Dr. Walter Stein, der die Geschichte Adolf Hitlers und des Heiligen Speers zurückverfolgte.

Das neueste Foto des schwer
bestimmbaren heiligen
Speers von Armenien.

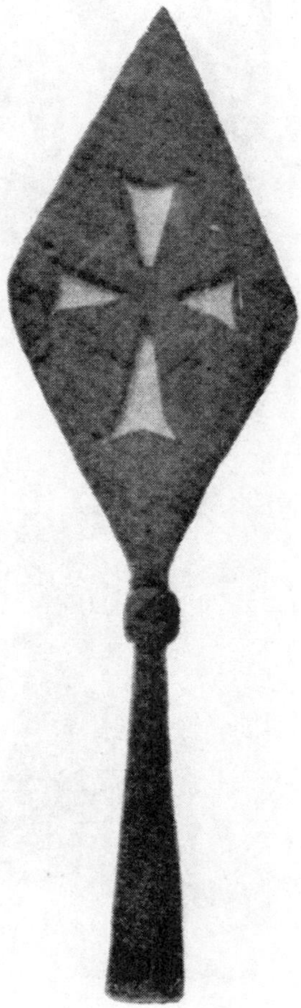

Der Krakauer Speer in
Polen soll eine der
zahlreichen Kopien sein.

Gheghardavank – das Kloster der Heiligen Lanze.

zum Thema angestellt habe. Der Schriftsteller Eric Wynants behauptet jedoch in einem Artikel aus dem Jahre 1982, daß seine »Konversationen mit Ravenscroft sein Zugeständnis, daß er W. J. Stein nie getroffen hat, sondern mit ihm nur ›durch ein Medium‹ kommuniziert habe, beinhalteten«.

Leider starb Ravenscroft 1989, so daß nicht geklärt werden kann, welche dieser Aussagen korrekt ist. Der zwischenzeitlich in Rente gegangene Londoner Verleger Neville Armstrong, der *The Spear of Destiny* unter dem geeignet erscheinenden Neville-Spearman-Impressum veröffentlichte, hatte sehr gemischte Gefühle dem Autor gegenüber, mit dem er mehrere Jahre zusammenarbeitete, um das Buch zu vollenden. »Er war mit Sicherheit der schwierigste und krummste Mann, mit dem ich je ein Werk veröffentlicht habe«, sagte Armstrong in seiner privat erschienenen Autobiographie *Catching Up With The Future* (1999).

Nachdem er Ravenscroft £ 2000 im Voraus zum Schreiben des Buches gegeben hatte – keine schlechte Summe für das Jahr 1971, wie Armstrong meint –, »verschwand der Autor ohne Spur«. Schließlich wurde er in einer Fischerhütte in Cornwall entdeckt. Der Schriftsteller behauptete, er sei mittellos, ohne Geld, um für sich und seine Frau Nahrung kaufen zu können. Er könne nicht einmal sein Kind zur Schule schicken, da »es nichts gab, womit man hätte Schuhe oder Kleidung kaufen« können. Ravenscroft sprach nicht ein Wort über das Geld, das er für das Schreiben des Buches erhalten hatte. Armstrong berichtete weiter:

> Wir boten ihm dann wöchentliche Zahlungen an, bis das Manuskript fertig sein würde. Er war wirklich ein eher dummer, verrückter Typ mit viel esoterischem Wissen, das er falsch benutzte. Die Geschichte des Speers wurde schließlich zum Bestseller, ich verkaufte die amerikanischen Rechte an William Targ von Putnam für $ 50 000.

Neville Armstrong erinnert sich auch daran, wie er durch Ravenscroft – einen gewohnheitsmäßigen Konsumenten – in das Rauchen von Marihuana eingeführt wurde. Diese Erfahrung des Verlegers mag die Herkunft einiger der befremdlicheren Ausflüge in die Welt der Phantasie in *The Spear of Destiny* erklären!

Trevor Ravenscroft war jedoch gnädig genug, im Vorwort von *The Spear of Destiny* zu erwähnen, daß das Buch genaugenommen hätte von Dr. Stein geschrieben werden müssen, dessen Witwe ihm Zugang zu allen säuberlich gesammelten Informationen und Papieren des Österreichers verschafft hatte. Es sei zudem wichtig, daß dieser Beweis publik gemacht würde, erklärte Ravenscroft, denn auf Dr. Stein sei zu Lebzeiten großer Druck ausgeübt worden, über die Buchinhalte zu schweigen:

> Aber schlußendlich ließ er sich nicht von dieser Überredungskunst beeinflussen. Nicht einmal von Churchill selbst, der darauf bestand, den Okkultismus der Nazi-Partei nicht an die Öffentlichkeit zu bringen.

Ohne Frage benutzte Trevor Ravenscroft Steins Materialien, um mehr ins Detail zu gehen, als Caulfield beabsichtigt hatte. Besonders die Frage nach den anderen Okkultisten, die für Hitlers Obsession in bezug auf den Speer verantwortlich waren, griff er auf. Ravenscroft stimmte der Auffassung zu, daß Guido von List einen frühen Einfluß ausgeübt hatte, aber er konzentrierte sich stärker auf zwei andere Männer: Dietrich Eckardt und Professor Karl Haushofer. Auch in diesem Falle war er nicht der erste, da ein früheres, hoch angesehenes Werk aus dem Jahre 1960, das von den französischen Schriftsteller Louis Pauwels und Jacques Bergier unter dem Titel *The Dawn of Magic* über den Okkultismus verfaßt hatten, das Duo ebenfalls erwähnte.

Eckardt, ein finsterer Mann mit Glatze und schwarzem

Schnurrbart, wird auch der »Geistige Begründer des Nationalsozialismus« genannt. Er war Hitlers Mentor: Hitler bezichnete ihn in *Mein Kampf* als »einen der Besten, der sein Leben dem Erwachen unseres Volkes in seinen Schriften, Gedanken und letztlich Taten widmete«. Es war ebendiese Erwähnung des »Erwachens« und der »Gedanken und Taten«, die dafür verantwortlich waren, daß Dr. Stein ihn für eine so finstere Gestalt hielt.

1868 geboren, kämpfte Dietrich Eckardt in den Jahren vor dem Ersten Weltkrieg um seine Existenz als Poet, Dramatiker und Journalist. Später wurde er wie Hitler bei einem Gasangriff schwer verletzt und war gezwungen, seine Schmerzen mit Morphium und Alkohol zu stillen. 1919 zeigte er sich in dem Flugblatt *Auf Gut Deutsch* als schriller Antisemit. Er druckte 25 000 Stück, die er aus eigener Tasche bezahlte und an Menschen mit ähnlicher Gesinnung verteilte. Dies waren jedoch nicht die einzigen Ähnlichkeiten, die er mit dem Mann teilte, der später so sehr von ihm beeinflußt wurde, wie Konrad Heiden in *Der Führer* (1945) schrieb:

> Eckardt war die gleiche Art entwurzelte, aufgehetzte, durchaus nicht fehlerfreie Figur. In Berlin lebte er noch mit Anfang 30 wie ein Landstreicher, der sich für einen Poeten hielt. Er konnte Hitler nicht sagen, daß er (wie Hitler selbst) in zahllosen Obdachlosenheimen und auf Parkbänken übernachtet hatte. Und dies aufgrund jüdischer Machenschaften, die ihn in seinem Fall davon abhielten, Dramatiker zu werden.

Die beiden Männer trafen sich im Jahre 1920 zum ersten Mal in Richard Wagners Haus in Bayreuth, und laut Heiden machte sich Eckardt an die spirituelle Verwandlung Hitlers. Seine Anweisungen wurden auf zwei Ebenen gegeben: Eine befaßte sich mit der »Geheimen Doktrin«, die andere mit der »Doktrin der Propaganda«.

Diese Geheime Doktrin war die Kunst des Okkulten, in der Eckardt bereits ein geschulter Meister und eine führende Person der Thule-Gesellschaft war, die der arischen Rasse mit Hilfe von Magie zu Ruhm und Aufstieg verhelfen wollte. Er kannte ebenfalls die Legende des Heiligen Grals und des Speers des Longinus und glaubte, diese könnten für die Weltherrschaft des deutschen Volkes von größter Wichtigkeit sein. Als er und Hitler einmal über den Speer und ihre Besessenheit in Hinblick auf die Reliquie sprachen, drängte Eckardt Hitler dazu, alles in seiner Macht stehende zu tun, den Speer in sein richtiges Zuhause nach Nürnberg zurückzubringen.

1923 wurde Eckardt eines der Gründungsmitglieder der Partei der Nationalsozialisten. Wenige Monate starb er an seiner Morphium- und Alkoholabhängigkeit, aber vorher gab er seinen Anhängern und Freunden noch eine Nachricht mit auf den Weg, die sowohl sein Ego als auch seine prophetische Vision der Zukunft enthüllte:

> Folgt Hitler! Er wird tanzen, aber ich war es, der die Melodie spielte. Ich habe ihn in die Geheime Doktrin eingeweiht, seine Visionszentren geöffnet und ihm die Mittel gegeben, mit den Mächten zu kommunizieren. Trauert nicht um mich, denn ich habe die Geschichte mehr als je ein anderer Deutscher zuvor beeinflußt.

Einer von Eckardts engsten Freunden, Professor Karl Haushofer, stand an seinem Bett und hörte diese unvollheilen Worte. Der kleine, täuschend freundlich aussehende Mann mit nervös wirkenden Augen war ebenso zu außergewöhnlichen Prophezeiungen in der Lage. Haushofer war der zweite Mann, der Hitlers Interesse an dem Speer förderte und der – so besagt die Legende – das Hakenkreuz als Emblem für die Nazi-Partei vorschlug. Ravenscroft schreibt über ihn:

Haushofer, der Meistermagier der Nazi-Partei, trug dazu bei, den Führer in eine Auffassung einzuweisen, nach der böse Mächte am historischen Prozeß arbeiteten. Er war es auch, der Hitler ermutigte, den Speer des Schicksals aus der Hofburg in Wien zu entfernen und nach Nürnberg zu bringen, von wo aus seine Kräfte aus dem Herzen der Nazi-Bewegung ausstrahlen könnten.

Der kleine Professor war 1869 in Bayern geboren worden und wählte anfänglich eine Karriere als Berufssoldat, bei der ihm sein Intellekt und seine rasche Auffassungsgabe für Sprachen schnelle Beförderungen einbrachten. Einige Jahre lang arbeitete er für den deutschen Geheimdienst in Indien, Asien und Japan, wo er sich zunehmend für Mystik zu interessieren begann. In Japan soll er in eine Geheimgesellschaft aufgenommen worden sein und geschworen haben, daß – sollte er seine mystische Mission verfehlen, die »Geheime Doktrin« zu fördern – er Selbstmord begehen würde.

Im Osten begann er auch seine Überzeugung auszubilden, nach der die germanische Rasse aus Zentralasien stamme und daß es zur Erhaltung der Überlegenheit des deutschen Herrenvolks notwendig sei, daß das Reich ostwärts expandieren müsse. Später illustrierte er diese Theorie in seinen Schriften mit einer Landkarte und einem Hakenkreuz, das sich über Europa und darüber hinaus zog.

Nach seiner Rückkehr nach Deutschland studierte Karl Haushofer an der Münchener Universität zur Erlangung des Doktortitels, den er mit einer wegweisenden Dissertation über Politische Geographie auch erhielt. Unmittelbar darauf begann der Erste Weltkrieg, und Haushofer wurde an die Westfront gerufen. Er erwies sich als hervorragender General und zeigte sein Talent, Ereignisse vorherzusagen, bevor sie geschahen, Ereignisse, wie zum Beispiel politische Veränderungen in Ländern, über die er nichts wußte, den Zeitpunkt des feindlichen

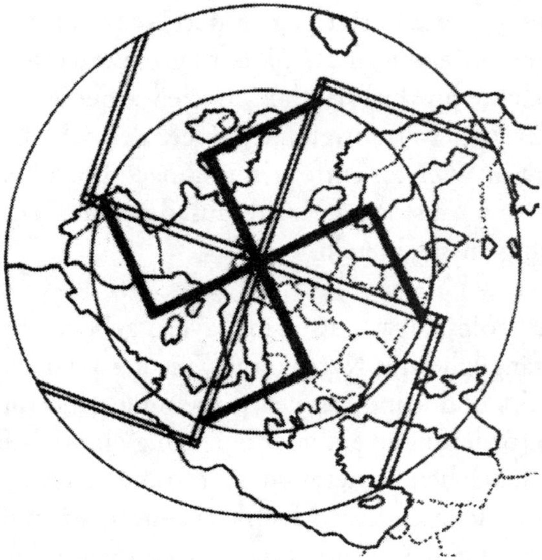

Die Welt im Zeichen des Hakenkreuzes von Professor Karl Haushofer

Angriffs oder den Ort, an dem feindliche Granaten niedergehen würden.

Nach Deutschlands Niederlage kehrte Haushofer als Professor für Geopolitik zurück an die Münchener Universität, um seine Theorien zu entwickeln, und gründete 1921 die *Zeitschrift für Geopolitik*, die einen neuen Anfang für die Nation darstellte. Hier arbeitete er mit einem neuen Assistenten namens Rudolf Heß, der später behaupten sollte, daß der Professor nicht nur ein einflußreicher Mystiker war, sondern auch ein geheimer Anführer. Heß stellte Haushofer seinem engen Freund Adolf Hitler vor, der Heß später zur Nummer zwei im Reich machen sollte. Pauwels und Bergier schreiben:

> Nach seinem fehlgeschlagenen Aufstand wurde Hitler zu einer Gefängnisstrafe in Landshut verurteilt. Haushofer be-

suchte Hitler jeden Tag und verbrachte Stunden mit ihm, erklärte ihm seine Theorien und leitete daraus jedes mögliche Argument für die politische Eroberung ab. Mit Heß alleingelassen, verschmolz Hitler zu Propagandazwecken Haushofers Theorien und die Basis für *Mein Kampf*.

Der Professor lebte lang genug, um Hitler viele seiner Träume in bezug auf Deutschland erreichen zu sehen, die Rückkehr des Speers des Longinus nach Nürnberg zum einen und die Erfüllung der deutschen Expansionswünsche in einer Art und Weise, die weit über seine Träume hinausgingen zum anderen. Er sah aber auch den Untergang des Dritten Reichs voraus. 1946 nahm er sich das Leben, ein Selbstmord, den einige dem Eid zuschreiben, den er viele Jahre zuvor in Japan geschworen hatte.

Die Nachricht, daß Hitler nach der Annexion Österreichs im März 1938 in den Besitz des Speers des Longinus gekommen war, wurde Winston Churchill in einem geheimen Memorandum von Dr. Walter Stein übermittelt. Das Dokument hielt sich eng an die Fakten und berichtete über die Beschlagnahme der Reichskleinodien und deren Rückkehr nach Deutschland unter Bewachung ausgewählter SS-Truppen. Hitler hatte versucht, dieses Ereignis zu rechtfertigen, indem er Kaiser Sigismund zitierte, der einst gesagt hatte, daß die Reliquien »nie den Boden des Vaterlands verlassen« sollten.

Stein berichtete, daß alle Gegenstände der königlichen Insignien einschließlich des Speers in einem bewachten Zug von Wien nach Deutschland transportiert worden waren und im Nazi-Herzen Deutschlands, Nürnberg, ausgestellt werden sollten. Die altertümliche Katherinenkirche wurde als passender Ort ausgewählt, und es gab bereits Berichte, denen zufolge sich tausende Menschen versammelt hatten, um die neuesten Eroberungen des »Führers« zu sehen. Trevor Ravenscroft schrieb das Finale dieses Kapitels in der Geschichte des Speers:

Nur die einsame Stimme Winston Churchills warnte die Welt, daß Hitlers Einmarsch in Wien eine so gravierende Änderung des Gleichgewichts europäischer Mächte darstellte, daß ein Weltkrieg nunmehr unvermeidlich sei. Durch Walter Stein in den Besitz aller Fakten gelangt, die Adolf Hitlers Faszination in bezug auf die Legende vom Schicksal der Welt und die Rolle der Lanze des Reichs hierin betrafen, konnte Winston Churchill die Welteroberungspläne des Nazi-Führers klar und deutlich vor Augen sehen.

Als Churchill im Detail las, wie sich sein Feind über den Besitz der Reliquie gefreut hatte, war ihm klar, daß der Frieden nicht nach Europa zurückkehren würde, bis der Speer wieder aus Hitlers Händen genommen worden wäre …

Acht

Eine fatale Verabredung mit dem Schicksal

Das ominöse Summen der Dutzenden von Royal-Air-Force-Bombern war schon einige Minuten lang zu hören, bevor die drohenden Flugzeuge im mondhellen Nachthimmel über der altertümlichen Stadt Nürnberg zu sehen waren. Es war kein vertrauter Anblick und kein vertrautes Geräusch für die Menschen, die hier lebten, und viele stiegen aus ihren Betten, um in den dunklen Himmel zu sehen. Überraschung mischte sich bald mit Angst, denn trotz der Radiodurchsagen, nach denen deutsche Städte unangreifbar seien, gab es Gerüchte, daß die angeblich sich im Kampf befindlichen Briten mehr und mehr Flugzeuge schickten, die das Vaterland bombardieren sollten. Jeden Tag sollten die Flugzeuge näher und näher an das Herz des Reiches gelangen.

In der Nacht vom 28. zum 29. August 1942 wurden diese Gerüchte Realität, als hochexplosive Brandbomben zum ersten Mal auf die »spirituelle Heimstatt des Nationalsozialismus« fielen, als die Hitler und seine Schar Nürnberg sahen. Dieser Angriff, der erste einer Serie von achtunddreißig, sollte sich als ganz besonderer Schlag in Hinblick auf Hitlers Ansehen herausstellen. Und ebenso als eine Bedrohung des Speers des Longinus, der vier Jahre zuvor aus Wien hierher gebracht worden war und nun als Symbol für Hitlers Triumph und als Bestätigung seiner Rolle als Mann des Schicksals diente.

Nürnberg war schon seit fast einem Jahrzehnt unentwirrbar mit der Nazi-Partei verbunden gewesen. Für Mitglieder der

Bewegung war die Stadt außerdem mit einigen der wichtigsten Entwicklungen der deutschen Geschichte verbunden: besonders mit dem früheren Deutschen Reich, einer patriotischen Einstellung und nun den riesigen Versammlungen, die der Stadt den Beinamen »Stadt der Kundgebungen« einbrachte, so wie München als »Hauptstadt der Partei« und Berlin als »Hauptstadt des Reiches« galten.

Im September 1933 hatte der NSDAP-Parteitag in Nürnberg stattgefunden. In den folgenden Jahren wurden mit einer Mischung aus Propagandareden, Militärmusik, Paraden und tausenden Hakenkreuzfahnen die Sinne eines jeden überwältigt, der die Stadt besuchte. Über eine Million Parteiangehörige versammelten sich innerhalb der alten Stadtmauern, um das Stadion römischer Art, das Tannenberg, zu besuchen, das speziell nach Anweisungen des »Führers« gebaut wurde und dem Altar des Zeus bei Pergamum im Westen der Türkei ähneln sollte. Durch dieses riesige Auditorium schritten endlose Reihen marschierender Braunhemden, SS-Sturmtruppen, Arbeitergruppen, Mitglieder der Hitlerjugend, der Armee, der Marine und Luftwaffenpersonal, die allesamt die Macht des Tausendjährigen Reichs demonstrieren sollten. Die Aufmärsche dauerten bis zu acht Stunden und hatten zwei Ziele: Erstens sollten sie jegliche Opposition innerhalb Deutschlands oder im Ausland einschüchtern, und zweitens förderten solche Ereignisse riesige psychologische Energien zutage, mit denen Hitler unter Nutzung seines okkulten Wissens die Nation fest im Griff hatte. Nie zuvor waren solch riesige Aufführungen ritueller Magie auf einer solch furchteinflößenden Veranstaltung beobachtet worden.

Die Kundgebungen gedachten auch der Nazis, die für diese Sache gestorben waren, indem ein »heiliges Feuer« entzündet und eine Schweigeminute durch die anwesende Menge gehalten wurde. Fahnen und Schwerter wurden herabgesenkt, als Hitler durch das Stadion schritt. Der Legende nach soll der »Führer« bei einer solchen Veranstaltung einmal die Speerspitze bei sich getragen haben, wie es so viele ihrer vorherigen Besitzer in den Momenten ihrer größten Triumphe getan hatten – aber es gibt keine Fotos oder sonstige Beweise hierfür.

Auf dem wahrscheinlich berüchtigtsten dieser Parteitage im Jahre 1935 verkündete Hitler sein infames Urteil gegen die deutschen Juden, das die Zukunft für diese Menschen zur Hölle werden ließ. Sie wurden ihrer Staatsangehörigkeit beraubt, aus hohe Ämtern ausgeschlossen, und das bereits bestehende Verbot von Hochzeit oder sexuellen Beziehungen zwischen Juden und Ariern wurde zum Gesetz erklärt. Die noch spektakulärere Kundgebung in Nürnberg 1937, bei der den Anwesenden über 400 Namen toter Nazis vorgelesen wurden, war das erste Grollen des Krieges, der bald über ganz Europa fegen sollte.

Nürnberg war jedoch nicht nur zu einem Schrein des Nationalsozialismus geworden. Zu den einzigartigen historischen Traditionen hatten die neuen Herren Deutschlands alle nötigen Elemente hinzugefügt, die die Stadt auch zu einem großen industriellen Zentrum werden ließ, da sie sich sicher waren, daß die Lage der Stadt im Osten des Landes außerhalb der Reichweite feindlicher Angriffe lag.

Das majestätische Schloß in der Innenstadt, das diese duale Macht symbolisierte, war 1050 erbaut worden. Bis zum Mittelalter war die Gemeinde mit Gebäuden und schönen Kirchen um das Schloß und den Fluß Regnitz gewachsen und hatte sich als wichtiges kommerzielles und kulturelles Zentrum etabliert. Im 16. Jahrhundert stand die Stadt im Herzen der deutschen Renaissance: bekannt als Geburtsort vieler Berühmtheiten wie Albrecht Dürer, Hans Sachs, Peter Vischer und Michael Wolgemut, sowie berühmt als Versammlungsort für die Meistersinger sowie als Zentrum für Druckereien und Hersteller von Taschenuhren.

Nürnbergs Stellung hatte jedoch nach dem Dreißigjährigen Krieg, bei dem 40 000 seiner Bewohner durch Hunger und andere Auswirkungen des Konfliktes starben, an Bedeutung verloren. Die nächste Phase der Entwicklung der Stadt sollte nicht vor dem Jahre 1806 kommen, und sie wurde von Napoleon initiiert, der selbstverständlich alles über den legendären heiligen Speer wußte. Nachdem er Preußen und Österreich 1806 besiegt hatte, belohnte er seinen Alliierten Bayern mit den Städten Bamberg, Würzburg, Ansbach und Nürnberg. Dies ließ aus der einst großen befestigen Stadt einen Teil der Provinz werden.

Die industrielle Revolution brachte große Veränderungen für Nürnberg. 1835 wurde die erste Dampflokomotiven-Strekke Deutschlands zwischen Nürnberg und Fürth eröffnet, kurz darauf gefolgt von der Eröffnung des Germanischen Nationalmuseums, in dem Artefakte zusammengetragen wurden, die die Bedeutung der Nation repräsentierten. Während des 19. Jahrhunderts entwickelte sich die Stadt außerdem zu einem Lieblingsort der Befürworter des Pangermanismus und zu einem Symbol für die Bewunderung der Kultur des Landes, wie sie von Richard Wagner in seinem Stück *Die Meistersinger von Nürnberg* veranschaulicht wurde, das er als Tribut an Nürnberg komponierte.

Ein Jahrhundert später sollten jedoch die Nazis den Namen der Stadt in den Schmutz ziehen, als sie ihre üble Weltanschauung entwickelten und das industrielle Erbe der Stadt zur Erweiterung ihres militärischen Ehrgeizes nutzten. Die Bahnlinie wurde zum Mittelpunkt eines riesigen Systems, neben dem viele große Fabriken gebaut wurden, einschließlich des Siemens-Schuckert-Elektrizitätswerks und des M.A.N.-Mechanikbetriebs. Danach war Nürnberg bis 1945 für fast die Hälfte der deutschen Gesamtproduktion an Flugzeug-, U-Boot- und Panzermotoren verantwortlich.

Hitler hatte dieses kulturelle Schmuckstück mit nur einem Schlag in eine treibende Kraft des Militärs umgestaltet. Und damit hatte er diese altertümliche und schöne Stadt zum ersten Mal seit vielen Jahren in ein Ziel für feindliche Angriffe verwandelt.

Im Februar 1942 schickte Winston Churchills Kriegskabinett eine spezielle Anweisung zum RAF-Bomberkommando in London. Darin stand, daß in Zukunft das Ziel aller nächtlichen Operationen über Deutschland darin bestand, sich »auf die Moral der feindlichen Zivilbevölkerung und insbesondere der Industriearbeiter zu konzentrieren«.

Um diese Mission zu realisieren, wurde ein neuer Kommandeur eingesetzt, Sir Arthur Harris. Die veralteten Nachtbomber vom Typ Whitley, Hampden und Manchester wurden durch die neuen Lancasters, Halifax', Wellingtons und Hamdens mit schwereren Bombenlasten ersetzt. Diese Flugzeuge waren auch mit dem neuen Navigationssystem »Gee« ausgestattet, das mit größerer Genauigkeit arbeitete und Ziele bei bis zu 400 Meilen Entfernung von England und bis zu einer Höhe von 20 000 Fuß fixieren konnte.

Im Ruhrgebiet, Rheinland und im Norden Deutschlands wurden diese Neuentwicklungen zuerst ausprobiert, mit Blick auf Harris' Entscheidung, die Bomber auf jeweils nur ein Ziel zu konzentrieren und Brandbomben zu einem wichtigen Teil jeder Flugzeugladung zu machen. Die große Genauigkeit, mit der das RAF-Navigationssystem seine Ziele fand, erlaubte es den Piloten, ihre Bomben genauer abzuwerfen. Dörfer, Städte und Gebäude wurden dadurch komplett vom Feuer zerstört oder stark beschädigt.

Im Frühling 1942 wurden sehr erfolgreiche Einsätze gegen Essen (Standort der Krupp-Fabriken), Köln und Bremen geflogen, die trotz der starken deutschen Abwehr die Effektivität des Bomberkommandos bestätigten und »Bomber-Harris« zum Nationalhelden werden ließen. Am 17. August des gleichen Jahres wurde die berühmte »Pathfinder Force«, bestehend aus vier Flugzeugstaffeln, gegründet. Alle Flugzeuge waren mit 4000-Pfund-Bomben bestückt, die den seltsamen Namen »Pink Pansies« trugen.

Es war ein Hagel dieser tödlichen Waffen, noch verstärkt durch die 250pfündigen Brandbomben, der während der vierten Mission der Pathfinder Force am 28. August vom Himmel auf Nürnberg fiel. Die drei früheren Angriffe – auf Flensburg, Frankfurt und Kassel – waren alle bei schlechter Sicht durchgeführt worden; aber die Mannschaften der 159 Wellingtons und Hamdens profitierten vom Vollmond, als sie über die bayrische Landschaft nach Nürnberg flogen.

Noch während sich die Einwohner den Schlaf aus den Augen rieben, reagierte die Stadt mit einer Luftabwehrattacke. In einem späteren Bericht hieß es, daß 23 Bomber abgeschossen wurden, aber mindestens 50 ihre Bombenladung erfolgreich abwerfen konnten. Die restlichen Flieger warfen ihre Ladungen auf Erlangen, zehn Kilometer nördlich.

Es besteht kein Zweifel, daß der Angriff großen Schaden in der Gegend um die Katherinenkirche anrichtete. Hier hatten die Meistersinger seit dem Mittelalter ihre berühmten Kampfeslieder gesungen. Vielleicht war das ein Grund für Hitler, diesen Ort als Ausstellungsstätte für die Reichskleinodien mit der Speerspitze zu wählen. Auch die lange Verbindung des Schatzes mit der Stadt spielte wohl eine Rolle.

Ursprünglich im 13. Jahrhundert als Konvent gebaut, wurde die Halle in dieser Phase des Krieges von vielen Besuchern eher als Museum für Nazi-Trophäen angesehen, denn als Heiligtum für klassische deutsche Musik. Vitrinen aller Formen und Größen standen an den Wänden, aufgereiht unter der hohen gewölbten Decke.

Kurz nach Mitternacht waren die Bomben der RAF-Flugzeuge auf Nürnberg gefallen. Das Dach der Kirche wies an mehreren Stellen Beschädigungen auf, Dachbalken und Putz lagen verstreut in dem dunklen Raum und hatten einige der Glasvitrinen beschädigt, einschließlich jener mit dem Heiligen Speer. Nur weil das Gebäude von keiner Bombe direkt getroffen worden war, wurde die wertvolle Reliquie nicht beschädigt.

Unter einigen Forschern, die sich mit der Legende des Speers befassen, kursierte das Gerücht, daß einer der Piloten Anweisung hatte, die Katherinenkirche zu bombardieren, da die Briten wußten, daß sich der Speer dort befand und sein Verlust mit Sicherheit Hitlers Glauben an sein Schicksal schwächen würde. Diese Anweisung soll von Churchill persönlich gekommen sein, aber es gibt hierfür keinerlei schriftliche Beweise.

Apologetiker dieser Theorie behaupten, daß der Pathfinder-Pilot ein religiöser Mann gewesen sei und es nicht übers Herz gebracht hätte, die Kirche zu bombardieren. Statt dessen ließ er seine Ladung neben den Fluß fallen, nachdem er die Reichsburg gesichtet hatte. Auch wenn diese Geschichte kaum mehr als eine unwahre Legende zu sein scheint – was am wahrscheinlichsten klingt –, so sollte aber die Burg eine große Rolle in der nächsten Episode der Reise des Speers durch die Geschichte spielen.

In Max Caulfields Version der Legende folgte Hitler den Beispielen der vorhergehenden Besitzer des Speers, indem er ihn während der ersten Phasen des Zweiten Weltkrieges an seiner Seite trug. Als ein Sieg auf den nächsten folgte, hatte er guten Grund, an seine Kräfte zu glauben. Wie der irische Autor im zweiten Teil seiner Ermittlungen enthüllte, rief der Speer beim »Führer« aber einen Sinneswandel hervor, wie er es bei zahlreichen anderen Gelegenheiten während des Versuchs, die Welt zu beherrschen, auch tat. Caulfield schreibt:

> Dann fing etwas dieser brütenden, düsteren Stärke der Aura des Speers an, dieses cholerische Monster aus der Fassung zu bringen. Vielleicht war sein tiefes Stochern in der Schwärze der Anti-Göttlichkeit der Grund. Jedenfalls, und dies ist ein historischer Fakt, ließ er die Lanze des Longinus zu den Nazi-Kriegsschätzen nach Nürnberg verbannen. Sie wurde in einem gepanzerten SS-Zug unter starker Bewachung transportiert. Aber der Speer sollte sich nicht so leicht vom Schicksal seines Herrn ausschließen lassen. Im Exil erlangte er nicht

mehr die Aufmerksamkeit des Führers, aber in Krisenzeiten wurden seine Gedanken wieder zu ihm hingezogen.

Die Informationen, die Max Caulfield später sammelte – und die Trevor Ravenscroft und andere einschließlich Francis King und J. H. Brennan vermehrten –, ermöglichen die genaue Verfolgung des Weges des Speers nach der Bombardierung der Katherinenkirche am 29. August 1942.

Als Hitler die Entscheidung traf, den Speer und andere Gegenstände der Reichskleinodien nach Nürnberg zu transportieren, wählte er ein altgedientes und hingebungsvolles Mitglied der Nazi-Partei für deren Bewachung aus: Willi Liebel, ein starker Mann mit dunklen Gesichtszügen, der in Nürnberg geboren worden war und der NSDAP kurz nach ihrer Gründung beitrat, wurde wegen seiner jahrelangen Verdienste für diese ehrenvolle Aufgabe ausgewählt. Hitler hatte ihm nicht nur das Originalmanuskript seiner Rede der »Nürnberger Gesetze« übergeben, er hatte ihn auch im Jahre 1939 bei der Ernennung zum Oberbürgermeister der Stadt unterstützt. Somit war Liebels Loyalität zum »Führer« grenzenlos.

Am Morgen nach dem Bombenangriff auf seine Stadt sorgte sich Bürgermeister Liebel nicht zuerst um die vielen Männer, Frauen und Kinder, die bei dem Angriff getötet oder verletzt worden waren, oder um die zerstörten Gebäude der Stadt, er sorgte sich lediglich darum, Hitlers wertvollen Schatz zu sichern. Als er das zerstörte Kirchendach sah, gab er Anweisung, die Lanze und weitere wertvolle Gegenstände sofort in Sicherheit zu bringen. Liebel hatte zuviel Angst vor Hitlers Wut, sollte den Gegenständen etwas zustoßen, und ließ sie in einer großen Kiste versiegeln und zur nahegelegenen Kohn-Bank in der Königsstraße 26 bringen. Hier wurde die Kiste in einen der sichersten Tresorräume geschlossen, mit strikter Anweisung an den Direktor, den Tresor für niemanden außer ihm selbst zu öffnen.

Hier blieb die Speerspitze bis zum nächsten Frühling, als der »Führer« während eines weiteren kritischen Ereignisses des Zweiten Weltkriegs einen neuerlichen Sinneswandel durchmachte – und zwar bei der deutschen Niederlage vor Stalingrad im Februar 1943. Zum ersten Mal mußte der »Führer« mit dem Gedanken spielen, daß die Soldaten seines mächtigen Dritten Reiches vielleicht nicht unschlagbar waren. Wegen der Russen an der Ostfront und wegen der Briten mit ihren Verbündeten, die nun bereits mit Flugzeugangriffen auf die westlichen Grenzen seines Reiches reagierten, war Sicherheit zu einem der Hauptpunkte aller Hitlerschen Pläne geworden.

Trotz all der Dinge, die in jenem Frühling des Jahres 1943 Adolf Hitlers Aufmerksamkeit verlangten, vergaß dieser den Speer nicht. Im April 1943 befahl er, ein permanentes Versteck für die Reichskleinodien zu suchen. Ob er der Bank wegen ihres Namens Kohn mißtraute, kann nur vermutet werden, aber Heinrich Himmler, der Reichsführer der SS, erhielt Anweisung, sich

Grafische Darstellung des zerbrochenen Speers aus Die Reichskleinodien in der Pfalz *(1942)*

persönlich mit Liebel in Verbindung zu setzen, um ein sicheres Versteck zu finden.

Es gibt Hinweise darauf, daß der Bürgermeister eine Reihe von Plätzen in und um Nürnberg vorschlug. Aber ein Ort gefiel Hitler scheinbar besser, er schien einfach besser geeignet. Dieser Platz war ein Tunnel etwa 300 Meter unter der Erde unterhalb der Reichsburg Nürnbergs, der Burg, die von seinem Helden Friedrich Barbarossa umgebaut und erweitert worden war. An diesem Ort sollte der Legende nach der Speer des Longinus auch einmal zuvor im Jahre 1796 versteckt gewesen sein, um ihn vor Napoleons Armee zu retten.

Die Burg war seit langem als eines der wichtigsten Geschichtsobjekte des Deutschen Reiches angesehen worden. Von 1050 bis 1571 hatten hier alle deutschen Kaiser und alle Kaiser des Heiligen Römischen Reiches gelebt und mehrmals zu Veränderungen seiner Hauptabschnitte beigetragen: die Kaiserburg auf der westlichen Seite, die Burggrafenveste in der Mitte und der älteste Teil, die Stadtburg, im Osten. Eine Steinmauer, bewacht von 46 befestigten Türmen, und ein Stadtgraben beschützten die Stadt vor Eindringlingen. Zwischen den Festungen befand sich der grausam wirkende Folterturm, in dem einige der dunkelsten Ereignisse der Burggeschichte stattgefunden hatten. Hier stand auch die »Eiserne Jungfrau«, eine Maschine von entsetzlicher Grausamkeit, die von Bram Stoker in *Die Squaw* unsterblich gemacht wurde – einer Geschichte, die fast ebenso blutrünstig ist wie sein klassischer Horror-Roman *Dracula*.

Die Nürnberger Reichsburg war auf Sandstein gebaut worden und datierte laut historischen Berichten aus dem 14. Jahrhundert. Der Hügel darunter war mit Kammern und Durchgängen durchlöchert. Trotz gegenteiliger Behauptungen sind diese unterirdischen Kammern, die sich über ein Gebiet von 25 000 Quadratmetern erstrecken, keine natürlichen Höhlen, sondern wurden in mühsamer Handarbeit aus dem Felsen geschlagen. Wegen der konstant kühlen Temperaturen eigneten sie sich schon immer ideal zur Lagerung aller möglichen Dinge, angefangen bei Bier bis zu wertvollen Kunstobjekten. Hunderte Jahre alte Ventilationsschächte sorgten für einen Luftaustauch und ermöglichten es, daß der Speer und die anderen heiligen Reliquien dort ohne großen Arbeits- und Zeitaufwand sicher untergebracht werden konnten.

Als ein passender Tunnel ausgewählt war, rekrutierte Liebel zwei seiner engsten Vertrauten, um den Schatz zu transportieren: Heinz Schmeissner, einer der Bauexperten des Stadtrates, und Dr. Konrad Fries, Luftschutzexperte. Praktischerweise öffnete sich der Eingang des Tunnels zur Oberen Schmiedegasse, einer engen Straße mit aneinandergereihten malerischen Häuschen, die mit dem Rücken zu dem Hügel standen, auf dem die Burg stand. Die Garagentüren eines angrenzenden Hauses aus dem 17. Jahrhundert boten eine ideale Tarnung für die Stahltüren des Tunneleingangs.

Unter Liebels Aufsicht wurden der Tunnel auf etwa 300 Meter Länge ausgebaut und der Durchgang verbreitert. Am anderen Ende wurde eine Klimaanlage installiert, damit die wertvollen Artefakte nicht von der Feuchtigkeit beschädigt würden. Als die Arbeit getan war, bekamen Schmeissner und Fries jeweils einen Schlüssel zur Tür und ein Kodierungsgerät, das die Tür nur öffnete, wenn beide Schlüssel gemeinsam benutzt wurden. Nur der Bürgermeister besaß Duplikate *beider* Schlüssel.

Liebel ging ebenso gerissen vor, als es an der Zeit war, den Speer von Kohns Bank in sein neues Versteck zu transportieren. Der Transfer wurde in der Nacht vollzogen, und der Fahrer des Lastwagens mit dem versiegelten Behälter sollte über einen großen Umweg zur Oberen Schmiedegasse fahren, damit der Bankdirektor, der notwendigerweise anwesend war, als die Schätze entfernt wurden, keine Vorstellung vom Ziel hätte. Liebel hatte Schmeissner und Fries nichts über die besondere Bedeutung des Speers für ihren »Führer« erzählt.

In dem neuen Versteck blieb der Speer des Longinus sicher bis zur Nacht des 13. Oktober 1944, als ein weiterer verheerender Angriff des Bomberkommandos auf Nürnberg das geheime Versteck im wahrsten Sinne des Wortes ans Tageslicht beförderte. Diese RAF-Mission war bei weitem die schwerste, die die Stadt je erlebt hatte, und verwandelte ganze Stadtteile in rauchende Ruinen. Wieder einmal fielen manche Bomben in die Nähe des Verstecks des Speers und zerstörten damit einige der Gebäude in der Oberen Schmiedegasse.

Bei Tagesanbruch erhielt Willi Liebel Berichte über die genauen Einschlagsorte der feindlichen Bomben. Sein Herz blieb einen Moment lang stehen, als er über die Zerstörung in der Oberen Schmiedegasse las. Er machte sich umgehend auf den Weg in die altertümliche Straße, wo seine schlimmsten Ängste bestätigt wurden. Die unschuldig aussehenden äußeren Garagentüren waren weggesprengt worden, und die Stahltüren konnten von jedermann gesehen werden.

Liebel beauftragte Arbeiter mit der Reparatur des Schadens. Aber seine offensichtliche Mühe, diese Gegend von scheinbar geringer Bedeutung im Gegensatz zu den Arealen in der Stadt, in denen sich ein wahres Blutbad ereignet hatte, instandzusetzen, führte zu Gerüchten über die Stahltüren und lüftete so das Geheimnis, das um den Schatz gewunden worden war. Als die Nachricht vom Nürnberger Desaster Berlin erreichte, kam umgehend die Anweisung, ein neues Versteck zu finden.

Es war augenscheinlich unmöglich, in den gefährlichen Kriegszeiten einen Transport der Reliquien aus Nürnberg zu organisieren, also wurde ein anderer Ort in der Stadt gefunden. Einer von Liebels früheren genialen Vorschlägen schien ideal und weniger verdächtig: der Keller einer Schule am Paniersplatz gegenüber dem Eingang der Oberen Schmiedegasse. Die Schule war ebenfalls in den Sandstein neben der Reichsburg gebaut worden und verfügte im Keller über eine Geheimtür, die sich in ein Labyrinth von Gängen und Höhlen öffnete.

Man wählte eine Höhle mit einer Nische in der Decke – groß genug für die Reichskleinodien. Der Speer und die Reliquien wurden erneut versiegelt, dieses Mal in Kupferbehältern, und unter den Augen Liebels, Schmeissners und Fries' in die Öffnung einzementiert. Die beiden Assistenten sollten nie vergessen, wie ängstlich und zornig der sonst so prahlerische und arrogante Bürgermeister an diesem Morgen in dem düsteren Keller unter dem Paniersplatz war.

Die Ereignisse des Zweiten Weltkriegs – und die Geschichte der Speerspitze – überschlugen sich, kurz nachdem der Speer unter der Nürnberger Schule versteckt worden war. Bis zum Frühling 1945 hatten Alliierte und Russen große Teile von Hitlers verhängnisvollem Tausendjährigem Reich eingenommen und waren schon innerhalb der Grenzen des Deutschen Reiches. Ende März mußten die arg in Mitleidenschaft gezogenen Nürnberger die Nachricht verdauen, daß amerikanische Panzer und Infanterie durch Frankfurt gestürmt waren und sich nun im nur 125 Kilometer entfernten Gemunden befanden, offensichtlich mit Nürnberg als Ziel. Sollte dies das erste Mal sein, daß die sagenhaften Mauern der Stadt vor Eindringlingen fallen würden?

Die Bewohner der »spirituellen Heimstatt des Nationalsozialismus« sollten nicht lange auf eine Antwort warten. Laut den historischen Berichten begann die Schlacht um die Stadt am 16. April mit der Ankunft der siebten amerikanischen Armee, die den letzten deutschen Widerstand im Westen brechen sollte. Zur Verteidigung der Stadt fanden sich nur 22 Artillerieregimenter und 100 Panzer.

In einem verzweifelten Appell an den Patriotismus seiner Soldaten schickte Hitler eine Botschaft an den Gauleiter Karl Holz: »Nürnberg bis zum letzten Blutstropfen verteidigen.« Ob er um die Sicherheit seiner wertvollen Lanze genauso fürchtete wie um sein Volk oder nicht, werden wir nie erfahren. Aber die bemerkenswerte Antwort, die er von seinen Truppen und letztlich den Einwohnern der Stadt bekam – daß sie sich den Amerikanern widersetzen würden –, ließ die Schlacht zu einem der schlimmsten Ereignisse des Krieges werden.

Während alliierte Flugzeuge Nürnberg aus der Luft bombardierten, beschoß die Artillerie sie konstant von außerhalb der Mauern. Endlich in die Stadt vorgedrungen, mußte sich die siebte Armee Straße um Straße erkämpfen. Anschauliche Darstellungen des Konflikts enthüllen, daß die schwersten Kämpfe rund um den Parteitag stattfanden, wo der Nationalsozialismus geboren worden war und der nun fanatisch von Einheiten der SS verteidigt wurde. Um diese Schlacht für sich zu entscheiden, benötigte die erfahrene US-45th-»Thunderbird«-Division insgesamt neun Angriffe und bezahlte einen hohen Preis mit vielen Opfern.

Vier Tage, nachdem der Kampf begonnen hatte, lag die altertümliche Stadt Nürnberg fast komplett in Trümmern, zum ersten Mal in ihrer 900jährigen Geschichte war sie geplündert worden. Am 20. April wurde die amerikanische Flagge über dem Adolf-Hitler-Platz gehißt, der Alptraum war für die überlebenden Einwohner vorbei. Für Hitler, der fast 400 Kilometer entfernt in Berlin ein Glas Sekt auf seinen 56. Geburtstag trank, hatte er gerade erst begonnen.

Wie Max Caulfield berichtete, vergaß der »Führer« trotz seiner anderen Besorgnisse nie den Speer des Longinus. Als ihm das Unvermeidliche ins Gesicht sah, unternahm er eine weitere Handlung in der langen und verworrenen Geschichte des Speers:

> Kurz vor seinem Tod befahl Hitler, den Speer zu beschützen. Drei Wochen vor dem Ende seines Reiches erstellte der Führer Pläne für das Verschwinden im Untergrund und für die künftige Wiedergeburt seiner Nazi-Partei. Er entsandte direkte, persönliche Aufträge an den Bürgermeister von Nürnberg: »Vergrabe den Speer heimlich.« Sein Wunsch war es, ihn bei seiner triumphalen Rückkehr an die Macht, die er

bereits plante, ans Licht zu bringen. Hitler, der Unbesiegbare, sah keinen anderen Weg.

Also erfüllte der Bürgermeister Hitlers Wunsch und vergrub die Lanze in einer tiefen Höhle unter der alten Burg. Mit dem Einfall der amerikanischen Truppen in die Stadt verübte Hitler Selbstmord. Das Geheimnis des Lagerortes des Speers hätte mit ihm sterben sollen. Es ist seltsam, daß es nicht so kam.

»Seltsam« ist ein passendes Wort für die tatsächlichen Ereignisse, denn es gibt verschiedene Versionen des Geschehens.

Laut Caulfield wurde ein unbenannter Beamter des Stadtrates, ebenfalls ein sehr religiöser Mann, unruhig, als er über das Schicksal des Speers nachdachte. Er fürchtete die Auswirkungen des Verlustes eines seiner heiligsten Reliquien auf das Christentum und entschied sich, einem amerikanischen Kommandanten vom Versteck zu erzählen. Innerhalb weniger Stunden hatte eine Gruppe GIs den Speer ausgegraben und ihn zu ihrem Kommandanten gebracht. Caulfield schreibt weiter:

> Der C. O. war ein rauer Soldat, der lange und hart gekämpft hatte. Seine kriegsmüden Augen sahen die unscheinbaren, fast kläglichen Überbleibsel auf seinem Schreibtisch, und etwas daran wirbelte ihn auf. Unbewußt fühlte er eine seltsame Welle von Macht über sich kommen. Er war der neue – wenn auch nur temporäre – Besitzer des Speers des Schicksals. Der Deutsche, der ihn zu diesem Versteck geführt hatte, hatte ihm die Legende seiner Unbesiegbarkeit erzählt. »Nehmt ihn weg«, sagte er leise. Und: »Bewacht das Ding Tag und Nacht.«

In einem Bunker unter der kriegszerstörten Stadt Berlin gab Adolf Hitler in diesem Moment seine Fluchtpläne auf. Aus irgendeinem Grund hatte er plötzlich seine Meinung geändert.

War es purer Zufall? Wenige Stunden, nachdem der Speer der Unbesiegbarkeit aus seinem Besitz genommen wurde, nahm er sich das Leben.

Dieses bunte Finale in Max Caulfields erstem Bericht über die Geschichte des Speers ist faszinierend und detailgetreu, wie eine spätere Nachforschung zeigte. Der Bürgermeister Willi Liebel hatte tatsächlich Selbstmord begangen. Der Speer war tatsächlich von den amerikanischen Besatzern entdeckt worden. Aber die Behauptung, Hitler hätte sich in dem Moment das Leben genommen, als der Speer aus seinem Besitz entfernt wurde, ist nicht mehr als ein Zufall.

Die anfänglichen Nachfragen der Amerikaner zum Verbleib von Willi Liebel enthüllten, daß das einstige Oberhaupt der Stadt seit dem Beginn des amerikanischen Angriffs am 16. April nicht mehr gesehen worden war. Dann wurde ein Körper mit einem Kopfschuß im Keller des Palmenhofs beim Jakobsplatz, dem örtlichen SS-Hauptquartier, von einer Gruppe Zivilisten gefunden, die bei der Beerdigung der Toten geholfen hatten. Ein Ring an einem der Finger der Leiche mit den Initialen »WL« verriet, daß dies tatsächlich der Oberbürgermeister war.

Unter den Nazis, die die Amerikaner beim Eintritt in die Stadt verhafteten, war auch Oberst Karl Wolf, der Kommandant der SS. In einem Verhör gab er zu, daß Leibel am 19. April zum Palmenhof gekommen war, um über die Zukunft der eingekreisten Stadt zu diskutieren. Er sei bereit zu kämpfen, hatte er gesagt, aber auch entschlossen, daß er sich nie lebend schnappen lassen würde. Liebel verließ dann den Raum, und Wolf hörte, wie er sagte, einen Schuß und lief schnell zum Keller, wo er seinen Besucher tot auf dem Boden liegend fand. Ein Revolver lag neben ihm.

Mit seinem Tod, sagte Caulfield, schien die letzte Chance vertan, den Verbleib des Speers aufzuklären. Selbst als die Amerikaner Liebels Sekretär fanden, waren sie der Wahrheit nicht näher. Albert Dreykorn, ein kleiner verängstigter Mann, bestand darauf, daß alle geheimen Akten des Bürgermeisters zu den Reichskleinodien beim Luftangriff vom 2. Januar 1945 zerstört worden waren. Ein weiterer Ordner mit umfangreicheren Notizen wurde zwei Monate später auf Liebels Anordnung verbrannt.

Es brauchte viel Glück in bezug auf die Entdeckung des vermißten Schatzes und zudem die engagierten Nachforschungen eines findigen Kaliforniers, Leutnant Walter Horn, der im Zivilberuf Kunsthistoriker war. Horn war im Frühling 1945 zu einer Spezialeinheit des US-Geheimdienstes mit dem etwas euphemistischen Titel »Monumente, die schönen Künste, Archive« rekrutiert worden. Die Aufgabe der Einheit unter Hauptmann Walter Thompson war das Aufspüren aller Schätze, die die Nazis während der Kriegsjahre erbeutet hatten.

Die Zerstörung durch Bomben erwies sich erneut als wichtiger Anhaltspunkt bei der Lösung des Rätsels. Am 30. April, zufällig der Tag, an dem Hitler in Berlin Selbstmord beging, sah eine Gruppe amerikanischer Soldaten in der Oberen Schmiedegasse beim Durchstöbern der zerstörten Gebäude und Trümmerhaufen die Stahltüren hinter dem Haus, die durch Bomben erneut freigelegt worden waren. Die Männer erkannten auf den ersten Blick, daß die Türen unter die Burg führen mußten, die jetzt als Hauptquartier der siebten Armee diente. Komischerweise gab es Anzeichen dafür, daß sie vor kurzer Zeit benutzt worden waren, jedoch konnte man nicht sofort sagen, ob als Versteck für Nazis oder als Lager.

Als die Entdeckung Oberst Charles H. Andrews, dem Militärgouverneur Nürnbergs, berichtet wurde, befand er sich in einem Dilemma. Sollte er die Türen in die Luft sprengen lassen und damit das Risiko eingehen, zu beschädigen, was auch immer dahinter lag, oder sollte er einen Weg suchen, sie aufzuschließen? Er entschied sich für das Letztere und rief den Geheimdienst an.

Der Fall wurde Leutnant Horn übergeben, der bereits in die

Aktivitäten Willi Liebels eingeweiht war. Zum Glück für den Amerikaner hatten sowohl Heinz Schmeissner als auch Dr. Konrad Fries die Schlacht von Nürnberg überlebt und befanden sich noch in der Stadt. Ihr Wissen der Funktionsweise der Stadt und ihrer Einrichtungen während der Kriegsjahre machte sie zu brauchbaren Informationsquellen.

Die beiden Männer, die zusammen die notwendigen Informationen zum Öffnen des Tunnels besaßen, zögerten nicht lange, bis sie Leutnant Horn ihr Kodierungssystem verrieten. Beide wußten selbstverständlich auch, daß die Wertgegenstände, auf die ihr Ex-Chef so versessen war, sich nicht mehr dort befanden und in ein anderes Versteck am Paniersplatz gebracht worden waren. Aber keiner von ihnen erzählte Leutnant Horn davon.

Am 5. Mai öffneten Schmeissner und Fries, begleitet von Oberst Andrews, Hauptmann Thompson, Leutnant Horn und einer kleinen Gruppe Militärbeobachter, die Türen des Tunnels mit den Schlüsseln und Kodenummern. Innen überraschte die erstaunte Gruppe ein königliches Lösegeld an Nazi-Beute: Juwelen, Gemälde, Reliquien und unbezahlbare Antiquitäten. Aber, wie Horn bald herausfand, es gab keine Spur der Reichskleinodien.

Obwohl die beiden deutschen städtischen Beamten so überrascht wie jeder andere von der Größe des Schatzes schienen, behielten sie ihr noch größeres Geheimnis vom Verbleib des Speers des Schicksals für sich. Nur Leutnant Horn beschlich aufgrund seiner Beobachtungen der beiden – insbesondere durch das zwielichtige Verhalten von Dr. Fries – das Gefühl, daß sie mehr wußten.

Die nächsten drei Monate befragte der unnachgiebige Amerikaner die Herren Schmeissner und Fries nach einer Vielzahl von Ereignissen und bohrte nach. Er begab sich mehrmals auf Reisen durch das zerstörte Deutschland auf der Suche nach Anhaltspunkten und folgte einer Reihe recht ungewöhnlicher

Geschichten in der Hoffnung, das Rätsel des Verbleibs der Reichskleinodien zu lösen.

Zu diesen Geschichten zählte ein Gerücht, daß der Schatz am Boden des Sees Zell in Österreich versteckt worden war. Es gab sogar eine noch erstaunlichere Behauptung, daß nämlich ein wohldurchdachter Plan erarbeitet wurde, der den Eindruck erwecken sollte, die Speerspitze und die Reliquien seien in einen anderen Teil Deutschlands oder sogar außerhalb des Landes verbracht worden – vielleicht sogar ans andere Ende der Welt, in die Antarktis …

Neun

Ein Rätsel in der Antarktis

Das tief vereiste Gebiet in der Antarktis, das als Königin-Maud-Land bekannt ist, wurde genauer als andere Gebiete der »terra incognita« (unbekanntes Land) beschrieben. Es liegt zwischen 20°W und 45°O und besteht aus einer riesigen Eiswüste, in die nie ein Mensch auch nur einen Fuß gesetzt hat, mit aufragenden Bergen und vielen tiefen Spalten. Der Ort stellt, wie es der große Forscher Ernest Shackleton so treffend sagte, »eine der letzten großen Entdeckungsreisen der Menschheit« dar – und wenig hat sich verändert, seit er diese Worte vor über einem Jahrhundert formulierte.

Daß das Königin-Maud-Land als eine der isoliertesten Gegenden der Antarktis angesehen wird, ist leicht nachzuvollziehen, obwohl die Antarktis selbst als Ganzes der kälteste, stürmischste und trockenste Kontinent ist mit einer Größe von 13,1 Millionen km^2. Mit einer Eisoberfläche, die an manchen Stellen über 1,5 km Dicke erreicht, wird er ständig von Blizzards und Hurrikans gebeutelt, die eine Geschwindigkeit von über 300 km/h erreichen können. Die durchschnittliche Sommertemperatur im Juli beträgt -63°C, die tiefsten Temperaturen können bis auf -70°C sinken. Dreieinhalb Monate lang gibt es hier kein Sonnenlicht, und wie der ganze Kontinent, ist das Gebiet vom Rest der Wettersysteme der Welt regelrecht abgeschottet.

Doch das Königin-Maud-Land ist auch ein Ort der Schönheit. In den Monaten der Jahresmitte geht die Sonne hier niemals unter, sondern dreht sich nur hinter den Bergen der Eishaube. Zu den eindrucksvollsten dieser Erhebungen gehören die *Feriskjeftens* (»Der Kiefer von Fenris« nach dem grimmigen Wolf der norwegischen Legende), die sich aus dem verschneiten Ödland wie eine Reihe grausiger Zähne erheben, die ihre Opfer verschlingen möchten. Ebenso bedrohlich ist der *Rakekriven* – »Der Rabe« –, ein über 500 Meter hoher Granitblock. Manchmal, wenn es besonders kalt ist, kann man Fata Morganas am Horizont sehen, die durch die Temperaturumkehrung entstehen.

Aber nur wenig konnte man über diese Landschaft herausfinden, seitdem der Russe Fabian von Bellingshausen diesen Teil der Antarktis zuerst gesichtet hatte, als er den Kontinent im Januar 1820 mit seinem Schiff *Vostok* umrundete. Außer natürlich der Tatsache, daß hier bei jedem Schritt Gefahren lauern. Die Beweise hierfür finden sich wohl nirgends anschaulicher, als in den gelegentlichen Funden mumifizierter Robben, die bis zu 150 Kilometer von der Küste entfernt entdeckt werden können – vom Wind dorthin getragen, vom trockenen, kalten Klima präpariert und vielleicht Jahrhunderte alt.

Der Norweger Roald Amundsen, der als erster im Dezember 1911 den Südpol erreichte, hatte auch als erster das Königin-Maud-Land erforscht und es zu Ehren der geliebten Monarchin des Landes, der Tochter von Großbritanniens Edward VII., benannt. Er und sein Team entdeckten, daß die Lage des Gebietes in Richtung Südatlantik und die allgemeine Unzugänglichkeit dem Ort trotz der Schwierigkeiten des Lebens in diesem rauen unnachgiebigen Klima eine gewisse Bedeutung gaben. Ein Forscher erzählte Amundsen mit einem sarkastischen Lächeln, daß der Versuch, hier jemanden oder etwas zu finden, wie eine Suche »nach der Nadel im Heuhaufen« sei …

Die Deutschen waren schon lange von der Antarktis fasziniert. Ihre Forscher interessierten sich schon seit 1874 für den Südpol, als Kapitän von Reibnitz eine Expedition mit seinem Schiff

Arkona leitete, um das Phänomen des Venustransits zu beobachten und einen kleinen Stützpunkt auf den Iles Kerguelen zu errichten. Die erste deutsche Polarexpedition fand einige Jahre später 1882 unter Leitung von Karl Schrader statt und hatte sogar einen Künstler in der Gruppe, Eugen Mosthaff, dabei, der einige der ersten Karten der Inseln um den großen vereisten Kontinent erstellte.

Im ersten Jahr des 20. Jahrhunderts kam der unermüdliche Forscher Erich Dagobert von Drygalski mit seinem Schiff *Gauss* an. Er verbrachte hier fast 16 Monate, unternahm mehrere Schlittenexkursionen und einige Aufstiege in einem Heißluftballon. Dieser stieg bis auf 480 Meter Höhe, von wo aus seine Insassen Informationen per Telefon an das Schiff weitergaben. Der Ausbruch einer Krankheit beendete jedoch die Expedition, und die erste ausführliche Erforschung der Antarktis lag nun in den Händen des britischen Forschers Robert Scott, die er in den Jahren 1902 und 1903 realisierte.

1911 schließlich führte der einfallsreiche Wilhelm Filchner eine gut vorbereitete deutsche Südpolarexpedition mit Plänen für die Überquerung des Kontinents durch. Trotz eines erfolgreichen Starts, bei dem ein neues Eisschelf entdeckt und nach Filchner benannt wurde, blieb das Schiff, die *Deutschland*, neun Monate lang im Packeis stecken. Obwohl ein Schlittenausflug beweisen konnte, daß der amerikanische Robbenfänger Benjamin Morrel mit seinem Bericht eines Neuen Südgrönlands 1923 falsch lag, wurde der ursprüngliche Expeditionsplan nach dem plötzlichen Tod des Schiffskapitäns Richard Vahsel aufgegeben.

Die Niederlage Deutschlands im Ersten Weltkrieg zwang die Nation, alle Souveränitätsansprüche in bezug auf die Antarktis unter Artikel 118 des Versailler Vertrags vom Juni 1919 abzugeben. Dies war einer der Punkte, die bei den Deutschen Empörung hervorriefen sowie später Adolf Hitler wurmten und seinen Ehrgeiz anspornten, den Ruhm seiner Nation wiederherzustellen, nicht nur in der Heimat, sondern in der ganzen Welt.

Hitler war offensichtlich seit seiner Kindheit von Geschichten über die Polarexpeditionen fasziniert gewesen. Er hatte Berichte verschiedener deutscher Expeditionen gelesen und ein reges Interesse am Leben in der Kälte entwickelt – schließlich hatte er seine Zeit als verarmter Maler in Wien recht kühl verbracht. Bevor er zum »Führer« avancierte, hatte sich in ihm sogar eine tiefe Würdigung für die Macht des Eises gebildet, nachdem er ein Werk über Hanns Hörbigers Theorie der Welteislehre gelesen hatte.

Wie Hitler war Hörbiger gebürtiger Österreicher. Er hatte als Ingenieur und Konstrukteur von Ventilmechanismen so viel Erfolg gehabt, daß er sich noch als junger Mann zur Ruhe setzen konnte und alle Energie in seine Theorie steckte. Diese hatte er nach seinen Teleskopbeobachtungen des Mondes entwickelt und entschieden, daß dieser aus Eis bestehe. Hörbiger stellte sich einen ständigen Kampf zwischen Feuer und Eis im Universum und der Menschheit vor, der außerhalb aller Normen der herkömmlichen Wissenschaften stehe. Er glaubte zudem, daß es Zeit für eine neue Weltordnung sei. In seinem Werk *Glazialkosmogonie* aus dem Jahr 1913 erklärte er: »Unsere nordischen Vorfahren wurden durch Eis und Schnee stark; der Glaube an das Welteis ist demnach das natürliche Erbe des nordischen Mannes.«

Solche Überzeugungen paßten gut ins Bild Adolf Hitlers, der den Autor später »den neuen Kopernikus« nannte. Es gibt Hinweise, daß Hitler nicht nur einige frühe Druckschriften Hörbigers während seiner Zeit in Wien gelesen, sondern sich auch mehrmals mit ihm vor dem Tod des Schriftstellers 1931 getroffen hat. Ob wahr oder falsch, es gibt kaum Zweifel daran, daß Hitlers Denken sehr von der Welteislehre beeinflußt war. Als er an der Macht war, wurde dies noch deutlicher. Er bevorzugte zum Beispiel die Einsamkeit verschneiter Berge für seine Hauptquartiere, wie das berühmte »Adlernest« auf dem Obersalzberg. Er hielt sogar an Hörbigers Theorie fest, als er seine

Entscheidung traf, in Rußland einzufallen, wie Pauwels und Bergier schrieben:

> Wie andere Anhänger der Welteistheorie war Hitler fest davon überzeugt, daß er einen Bund mit der Kälte schließen müsse und das verschneite Flachland Rußlands seinen Vorstoß nicht verzögern könne. Menschlichkeit sollte unter seiner Führung in den neuen Kreislauf des Feuers geraten. Der Winter sollte vor seinen flammenden Legionen zurückweichen.

Kein Wunder also, daß er den Polarterritorien schöne Augen machte und sich ganz besonders für die Antarktis begeisterte, die aus 9,6 % der Landmasse der Erde besteht. Er wußte auch, daß der Kontinent der einzige ohne Besitzer oder Regierung war, obwohl mehrere Länder Küstenregionen für sich beanspruchten.

Laut Nigel Pennick hielt der »Führer« die Antarktis bereits seit 1938 für wichtig in bezug auf seine Zukunftspläne für den Nationalsozialismus. Die riesige Wildnis würde sich mit Sicherheit ideal als Zufluchtsort eignen, sollte ein solcher jemals gebraucht werden, besonders für das Personal, Waffen und die finanziellen Mittel, die sein Tausendjähriges Reich gegen alle Eventualitäten schützen sollten. Später wurde behauptet, daß die Heilige Lanze ein wichtiger Teil dieses Plans war.

Die erste von Hitler entsandte Nazi-Expedition zur Antarktis startete von Bremen aus im Herbst des Jahres 1938. Der Kapitän des großen, akribisch ausgestatteten Schiffs mit dem Namen *Schwabenland* war Alfred Kottas, ein Veteran des Südatlantiks, Expeditionsleiter war Alfred Ritscher. Ihre Mission war es, das einsame Königin-Maud-Land für das Reich zu gewinnen und es in *Neuschwabenland* umzubenennen.

Laut dem Logbuch des Schiffes warf Ritscher im Januar 1939 die Anker vor der Küste und blieb dort bis zum darauf folgenden Monat. Landegruppen gingen vor der *Schirmacheroase* und an anderen Punkten an Land. Zwei Seeflugzeuge, vom Deck per Dampfkatapult gestartet, überflogen 350 000 km^2 Land zwischen den Arealen *Kronprinzesse Martha Kyst* und *Prinzesse Astrid Kyst* und fotografierten alles Interessante. Neben detaillierten Bildern des Gebietes zeigten die Luftaufnahmen auch zum ersten Mal einen furchteinflößenden Berg, den 2700 Meter hohen Trollberg.

Die Nazi-Piloten warfen zudem kleine Hakenkreuz-Fahnen über der gefrorenen Landschaft ab, um sie für das deutsche Reich zu beanspruchen, wie Pennick schrieb: »Hitlers Absichten waren auch Gebietsansprüche, teilweise, um orthodoxe Polarforschungen voranzutreiben, und teilweise, um Hörbigers Behauptungen zu bestärken. Was aus dem Stützpunkt und seinen Funden wurde, bleibt ein Rätsel. Man glaubt, daß dort ein geheimer U-Boot-Stützpunkt angelegt wurde.«

Wenn wir der Geschichte des U-Boot-Kapitäns Otto Wermuth glauben wollen, dann geschah genau das. Und ihm zufolge war es dieser Stützpunkt, zu der Hitlers wertvolle Speerspitze beim Fall des Dritten Reichs gebracht wurde.

Natürlich gibt es viele Diskussionen über die letzten Tage Adolf Hitlers im April 1945 und besonders über die Art seines Todes. Trotz ständiger Wiederholungen Otto Günsches, des letzten Adjutanten des Führers, daß er den Körper des Diktators bis zum letzten Knochen verbrannt habe und nur einige Zähne übrig blieben, hat es seither gegenteilige Gerüchte gegeben. Unmittelbar danach lieferten Zeitungen aus aller Welt Geschichten mit Schlagzeilen, die ein dunkles Geheimnis andeuteten. »Ist Hitler wirklich tot?«, fragte die britische *News Chronicle*, und *Paris-Presse* schrieb: »Hitlers gefälschter Selbstmord«. Die *New York Times* behauptete gar: »Hitler heiratete Schauspielerin in Berlin – könnte noch in Europa am Leben sein«. Der *Boston Globe* war noch ausführlicher: »Hitler in Boston gesucht«, während das britische Sensationsblatt *The People* selbstsicher von »Hitlers Argentinien-Verbindung« sprach.

Hugh Trevor-Roper, einer der großen Historiker des Zweiten Weltkriegs und Autor des klassischen Werks *The Last Days of Adolf Hitler* (1945), das den Tod des Führers in Berlin auf Selbstmord mit sofortiger Verbrennung der Leiche zurückführte, sammelte diese Berichte fleißig. Fünf Jahre später schrieb er im Londoner *Daily Telegraph*:

> Im Dezember 1946 sagte ein deutscher Flieger, der sich selbst Baumgart nannte, in Warschau aus, daß er Hitler und Eva Braun am 28. April nach Dänemark geflogen hatte. Diese Geschichte ist pure Erfindung. Trotz der Tatsache, daß Baumgart kurz darauf in eine Anstalt eingewiesen wurde, werden ihm sicherlich einige glauben.

Eine genauso ungewöhnliche und vielleicht genauso fragwürdige Geschichte gab es genau zur selben Zeit über den Speer. Es wurde behauptet, daß die heilige Reliquie heimlich von einem U-Boot zur Antarktis gebracht und in einem speziell vorbereiteten Tresor in der bergigen Region im Königin-Maud-Land versteckt wurde. Die Geschichte wurde von einer Handvoll Zeitungen, Magazinen und Büchern wiedergegeben, aus denen ich die folgende Version der Geschehnisse entnommen habe.

Seitdem Alfred Kottas 1939 Neuschwabenland für Deutschland beansprucht hatte, waren deutsche Schiffe in den Gewässern der Antarktis sehr aktiv gewesen. Nicht lange nachdem Großbritannien in den Krieg eingetreten war, wurde ein Frachtschiff, die *Schleswig-Holstein*, beim Inspizieren der Küste beobachtet, obzwar es keine Informationen gibt, ob die Mannschaft an Land ging, bevor man sie zuletzt in Richtung Kapstadt steuern sah. 1940 nutzte ein Hilfskreuzer, die *Atlantis*, die Abgeschiedenheit der Antarktis, um ihr Aussehen in das eines unschuldigen Frachtschiffs, der *Tamesis*, zu verwandeln und danach mehrere ahnungslose britische Schiffe im Südatlantik zu versenken. Das Schiff, komplett mit falschen hölzernen Schornsteinen und einem aus Holz bestehenden Deck ausgestattet, die Bewaffnung verdeckt installiert, wurde schließlich im November 1941 von der HMS *Devonshire* bei der Insel Ascension gestoppt und versenkt.

Andere verdächtige Aktivitäten der Deutschen fanden während der nächsten vier Kriegsjahre um das Königin-Maud-Land statt. Ein Stützpunkt mit Codenamen *Alstertor* wurde errichtet, um eine Gruppe deutscher Angriffsschiffe einschließlich der *Pinguin*, *Komet* und *Kassos* zu versorgen, die viele britische Schiffe und norwegische Walfänger angriffen und versenkten. 1942 gab es im großen Umfang Pläne für die Errichtung einer meteorologischen Station, aber nach einer ausführlichen Begutachtung wurde dieser Befehl widerrufen.

Bevor der Krieg endete, untersuchte jedoch ein gewisser Kapitän Gerlach mit dem Angriffsschiff *Stier* die Anzahl möglicher Orte für einen Stützpunkt der Angriffsschiffe und ein Lager für Kriegsgefangene. Mitglieder seiner Mannschaft sollen mehrere Monate an der Küste an dem Projekt gearbeitet haben, bevor sie so schnell verschwanden, wie sie gekommen waren. Weitere Berichte der Deutschen über Aktivitäten in den Gewässern Neuschwabenlands lassen sich danach nicht finden, bis ein mysteriöser Besucher im Frühjahr des Folgejahres auftauchte, wie von Howard Buechner und Wilhelm Bernhart in ihrem Buch *Adolf Hitler and the Secrets of the Holy Lance* (1988) berichtet wird:

> Im Frühling 1943, kurz nachdem er Admiral Erich Raeder als Oberbefehlshaber der deutschen Kriegsmarine ersetzt hatte, entsandte Admiral Dönitz ein speziell ausgerüstetes U-Boot in die Antarktis. Diese Expedition baute einen großen, stahlverstärkten Eingang in eine natürliche Eishöhle in den Muhlig-Hofmann-Bergen. Der Grund dafür wurde nie

erklärt, außer der Tatsache, daß Dönitz ein ungewöhnlich scharfsinniger Mann war und vielleicht schon das Ergebnis des Krieges vorhersah. Am Ende ernannte ihn Hitler als seinen Nachfolger zum Reichspräsidenten, ein Amt, das er Anfang März 1945 nur wenige Tage innehatte.

Darstellungen angeblicher Ereignisse in Neuschwabenland wurden in einem Bericht eines anonymen Korrespondenten von *Associated Press* gesammelt, zusammen mit Details eines schottischen Romanschriftstellers, Duncan Kyle, Autor von *Black Camelot* (1978), und A. V. Sellwood, eines englischen Journalisten, der direkt nach dem Krieg einen einzigartigen Zugang zu mehreren deutschen Matrosen gehabt hatte und deren Erfahrungen in einem Bestseller namens *Atlantis: The Story of a German Surface Raider* (1955) verarbeitete.

Das Rätsel begann am 13. März 1945, als das U-Boot 530, das in der Ostsee im Einsatz gewesen war, für einen neuen Auftrag dringend in seinen Heimathafen Kiel zurückbeordert wurde. Das schnittige Boot des Typs IXC/40, von der Deutschen Werft AG, Hamburg, gebaut, war im Oktober 1942 in Auftrag gegeben worden und hatte seit seiner Fertigstellung bereits zwei erfolgreiche Jahre im Einsatz unter dem Befehl Kapitän Kurt Langes hinter sich gebracht. Er hatte über 12 000 Bruttoregistertonnen an Schiffstonnage versenkt, bevor er das Boot an seinen neuen Kommandanten, den 25jährigen Oberleutnant Otto Wertmuth, im Januar 1945 übergab.

Wermuth, ein engagierter Nazi, hatte das U-Boot gerade in den gefährlichen Gewässern an den nördlichen Küsten Deutschlands und Rußlands bis an seine Grenzen getestet. Er hatte die Maschinen auf ihre Höchstgeschwindigkeit von 19 Knoten an der Oberfläche und 7,3 Knoten unter Wasser gebracht und sich und seine Mannschaft bis in die Nähe der maximalen Tiefe von 230 Metern für U-530 gesteuert. Weil seine Mission verkürzt wurde, hatte der Oberleutnant keine Gelegenheit gehabt, seine

105/45-Waffe abzufeuern. Zudem hatte er nur vier seiner Torpedos in der Nähe der norwegischen Küste verbraucht.

Als der junge Kapitän sein Boot in Richtung Osten und Heimat drehte, wußte er vom schlechten Stand der Dinge in seinem Vaterland und fragte sich wahrscheinlich, wie seine neue Mission wohl aussehen würde. Nachdem er Kiel erreicht hatte, mußte er nicht lange warten, bis er das herausfand.

Gleich als Kapitän Wermuth aus U-530 stieg, strömten Marineingenieure und Techniker über das 76 Meter lange Boot, eindeutig mit Anweisungen versehen, dieses für eine schnelle Rückkehr auf See vorzubereiten. Ein offiziell aussehendes Fahrzeug mit einer Hakenkreuzfahne auf der Motorhaube wartete am Hafen auf Wermuth, und nachdem er dieses bestiegen hatte, wurde er innerhalb weniger Minuten aus dem Hafen in Richtung Stadtmitte gebracht.

Die Fahrt, die das weitere Schicksal des U-Bootes bestimmen sollte, dauerte laut Duncan Kyle, der später das Rätsel seiner letzten Reise erforschte, nur fünf Minuten. Im örtlichen Hauptquartier der Kriegsmarine angekommen, wurde Wermuth in ein Büro geführt und Oberst Maximilian Hartmann vorgestellt, einem beeindruckenden Mann, der anscheinend gerade erst aus dem Hauptquartier des »Führers« in Berlin gekommen war. Hartmann war ein Schützling Professor Karl Haushofers und ein Gehilfe von Hitlers persönlichem Sekretär – Martin Bormann. Weil er mit der Geschichte des Speers und dessen Bedeutung für den »Führer« vertraut war, wurde er für diese Mission ausgewählt.

Der Oberst verschwendete keine Zeit und zeigte Wermuth sechs bronzene Behälter, die auf einem Tisch in der Zimmerecke standen. Die Behälter enthielten eine Auswahl der meistgeschätzten Besitztümer des »Führers«, erklärte er, einschließlich der Heiligen Lanze, und sie sollten in ein geheimes Versteck vor den Feinden des Reiches in Sicherheit gebracht werden. Wermuth erfuhr den genauen Ort dieses Verstecks nicht, bis er wieder auf See war. Hartmann hatte ihm einen versiegelten Umschlag mit dem Namen des Ortes auf den Weg gegeben.

Der Rest des Tages verging sehr schnell für den jungen Kapitän. Er wurde in einem Lieferwagen, auf dessen Ladefläche die sechs Behälter mit ihren wertvollem Inhalt lagen, zurück zu seinem U-Boot gebracht. Vor Einbruch der Dunkelheit wurden alle sicher auf dem aufgetankten und mit Proviant versorgten U-530 verstaut, das gleich darauf leise aus dem Hafen fuhr. Wermuth nahm Kurs auf die Nordsee und die riesige offene Weite des Atlantischen Ozeans.

Kurz hinter dem Golf von Biskaya öffnete der Kapitän den versiegelten Umschlag, den Oberst Hartmann ihm gegeben hatte. Er brauchte einige Minuten, um die außergewöhnlichen Anweisungen zu verdauen, denn er sollte sich zur Antarktis begeben, an einen Ort ungefähr 71 Grad, 30 Minuten Süd und 14 Grad 51 Minuten West. Um die absolute Sicherheit seiner Ladung zu garantieren, sollte er tagsüber unter Wasser bleiben und nur nachts an die Oberfläche kommen. Die Reise südlich durch den Atlantik, um die Spitze Südamerikas und an den Falkland-Inseln vorbei verlief glimpflich und ohne Zwischenfälle. Vor der Küste des Königin-Maud-Landes gab Wermuth seiner Mannschaft bekannt, daß eine Gruppe von 16 Männern an Land gehen sollte, um die sechs Behälter in ein speziell vorbereitetes Versteck zu bringen. Der Kapitän suchte persönlich die jüngsten und fähigsten Mitglieder seiner Mannschaft aus und ließ Schlitten, spezielle Polarkleidung und viel Proviant bereitstellen. Im letzten Moment übergab er dem Leiter der Gruppe, Leutnant Karl Heinz Lenz, einem seiner Offiziere, eine Wegbeschreibung zu dem Ort in der Muhlig-Hofmann-Bergkette.

Laut Duncan Kyle ging U-530 unter Wasser, sobald die Gruppe an der eisigen Küste angekommen war.

Man schätzte, daß die Gruppe circa zwei Wochen brauchen würde, um das Versteck zu finden, die Kisten zu verstecken und zurück zur Küste zu gelangen. Es war aber bereits der 21. Tag, als die 16 Männer endlich zurückkehrten und dem U-Boot das vorbereitete Signal in Form einer detonierenden Wasserbombe gaben. Einige Teilnehmer des Einsatzes befanden sich in schlechtem Zustand, anscheinend hatten sie Erfrierungen erlitten; und alle sagten, daß das Vergraben von Hitlers geheimem Schatz ein Alptraum gewesen sei.

Ohne Zeit zu vergeuden tauchten Kapitän Otto Wermuth und seine Mannschaft wieder unter. Zwei Monate lang hörte man nichts von ihnen. Erst ein Reporter der *Associated Press Agency* nahm die Geschichte von U-530 wieder auf und veröffentlichte die Fakten in einem Agenturartikel, der in verschiedenen Zeitungen der Welt publiziert wurde, einschließlich der *Los Angeles Times*, aus der diese Version genommen wurde:

> Die letzte Reise des deutschen U-Boots U-530 endete mit dessen überraschendem Erscheinen mit Sonnenaufgang des 10. Juli 1945 im Hafen von Mar del Plata, einem argentinischen Hafen 250 Meilen südlich von Buenos Aires, neun Wochen nach dem Ende des Krieges in Europa. Das 100 Tonnen schwere Boot ergab sich sofort den argentinischen Behörden. Der Kommandant, Kapitän Otto Wermuth, der das Eiserne Kreuz trug, wurde mit seinen Offizieren und dem Rest der Mannschaft, der aus 54 Mitgliedern bestand, an die Küste und in Haft gebracht.
>
> Marineattachés aus den britischen und amerikanischen Botschaften untersuchten das U-Boot, nachdem es von argentinischen Matrosen überstellt worden war. Die Waffen des Bootes waren schon vor seiner Kapitulation über Bord geworfen worden. Am 17. Juli formulierte die argentinische Regierung einen Erlaß, der U-530 der britischen und U.S.-Regierung übergab, zusammen mit der Mannschaft und allen erhältlichen Informationen über die verspätete und rätselhafte Kapitulation.

A. V. Sellwood, dessen Bücher über das deutsche Angriffsschiff *Atlantis* in Zusammenarbeit mit Ulrich Mohr, einem Mitglied der Mannschaft, geschrieben wurden, war von der Geschichte des U-Bootes U-530 ebenso fasziniert. Er berichtet, daß Mohr ihm von zahlreichen Gerüchten deutscher Matrosen über geheime Missionen nach Südamerika und zur Antarktis während der letzten Tage des Krieges erzählt hatte. Eines dieser Gerüchte behauptete sogar, daß der »Führer« nicht in Berlin starb, sondern mit einem Schiff in ein Versteck irgendwo in der südlichen Hemisphäre geflohen war.

Es gab alle möglichen Geschichten über das Schicksal vieler Nazi-Persönlichkeiten, Hitler eingeschlossen. Die Argentinier waren so beunruhigt hierüber, daß der Marineminister gebeten wurde, Nachforschungen anzustellen, ob deutsche Politiker oder Militäroffiziere in ihr Land gelangt waren. Dies galt auch für U-530, aber die Besatzungsmitglieder erklärten, daß niemand vor ihrer Kapitulation von ihrem U-Boot aus die argentinische Küste erreicht habe.

Das trug jedoch nichts zur Zerstreuung des Mysteriums um das Boot bei, meint Sellwood, sich auf den Bericht der Reise von Kapitän Wermuth beziehend.

Als es in Mar de Plata ankam, hatte das U-Boot kaum Treibstoff übrig, aber es verfügte über mehr als genug Verpflegung. Wenn es, wie der Kapitän aussagte, seit fast fünf Monaten unterwegs war, dann wäre das nur möglich, wenn es von irgendwoher Vorräte bekommen oder sich eine Zeitlang an einem sicheren Ort versteckt gehalten hätte. Sogar nach der Kapitulation von U-530 gab es noch Wochen später unbestätigte Berichte aus Südamerika über die Sichtung eines oder mehrerer U-Boote in der Nähe der Mündung des Rio de la Plata und über mysteriöse Landungen von Personen in Schlauchbooten an der Küste Patagoniens.

Hatte also das U-Boot U-530 tatsächlich den Speer des Longinus in der Antarktis versteckt? Die amerikanischen und britischen Regierungsbeamten, die das Boot untersuchten, fanden eine Reihe von Ungereimtheiten in Kapitän Wermuths Geschichte, wonach die Mission nur darin bestanden haben sollte, alliierte Schiffe im Südatlantik anzugreifen. Am Logbuch waren eindeutig Veränderungen vorgenommen und alle Dokumente zur Mission offensichtlich vernichtet worden. Es gab auch keine Erklärung, warum das Schiff mit geringen Treibstoffvorräten, aber beispielsweise genügend Getränken und Zigaretten so lange nach dem Ende des Krieges auf See geblieben war.

Geschichten über eine angeblich geheime Mission gelangten erst langsam und einige Jahre später ans Licht, als zwei Mitglieder der Mannschaft bestätigten, in der Antarktis gestoppt zu haben. Keiner der beiden war allerdings in der Landegruppe gewesen, und beide hatten keine Ahnung, was sich in den sechs Behältern befand. Sie hätten lediglich von einem Gerücht gehört, daß der Inhalt »sehr wertvoll« sei. Das U-Boot selbst wurde in die USA überstellt und dort sofort einer Untersuchung unterzogen. Am 28. November 1947 wurde es von einem Torpedo nordöstlich von Cape Cod getroffen und sank in sein feuchtes Grab, wo es noch heute liegt.

Die Geschichte hat seither immer wieder die Aufmerksamkeit von Forschern erregt. 1972 schrieb Warren Smith in *This Hollow Earth*, daß »Anhänger der Theorie der Hohlen Erde behaupten, daß eine Flotte von Nazi-U-Booten Hitler und seine Handlanger zu einem Nazi-Stützpunkt brachte, der sich unter einer Eishaube am Südpol befindet«.

Zehn Jahre später fügte Nigel Pennick der Geschichte Neuschwabenlands folgendes hinzu:

> Einige Jahre nach dem Fall des Dritten Reiches verließ eine Militärexpedition unter Admiral Byrd die Vereinigten Staaten, um genau dieses Gebiet für sich zu beanspruchen. In Berichten über Verluste amerikanischer Flugzeuge stand »von feindlichen Kampfhandlungen zerstört«. Vielleicht war die-

ser südlichste Nazi-Stützpunkt der letzte übrig gebliebene Posten des Dritten Reiches? Byrds berühmter Flug, bei dem er in ein Gebiet eingedrungen sein soll, das nicht auf Karten eingezeichnet ist, von einigen für eine Reise in die »innere Welt« gehalten, fand zur selben Zeit statt. Vielleicht folgte er den Recherchen der Nazis, denn deren Interesse an der Theorie der Hohlen Erde ist bekannt. Selbst wenn er nicht in unkartiertes Gebiet vorgedrungen ist, könnte der gefälschte Bericht des Trips in die »Hohle Erde« aus den Nazi-Dokumenten stammen, die während der Expedition beschlagnahmt wurden.*

Ist es also vorstellbar, daß die Deutschen sich ein geheimes unterirdisches Versteck in der Eiswüste des Königin-Maud-Lands gebaut haben? Tatsächlich hatten Wissenschaftler im März 1998 bekannt gegeben, daß eine riesige Höhle in der Nähe von Vostok, dem russischen Stützpunkt in der Antarktis, gefunden wurde und andere ähnliche Höhlen unter der Oberfläche des Kontinents existieren könnten. Einer der Entdecker, Richard Hoover, sagte nach der Bekanntgabe der Entdeckungen bei einer Pressekonferenz: »Wir haben ein paar wirklich bizarre Dinge gefunden – Dinge, die wir nie zuvor gesehen haben. Es ist wie eine Reise zu einem fremden Planeten, es gibt dort lebende Kreaturen, die den Planeten vor mehr als 30 Millionen Jahren bewohnt haben.«

Er erwähnte jedoch keine Zeichen *menschlicher* Aktivitäten und auch nichts von einer noch so geringen Möglichkeit, daß ein verlorener Nazi-Schatz einschließlich eines altertümlichen Speers irgendwo dort versteckt sein könnte.

---

* Die ganze Geschichte des Interesses der Nazis an der Theorie der Hohlen Erde und von der Legende einer Welt innerhalb unserer eigenen wird in einem Buch des Autors dieses Buches erzählt: *Das Geheimnis der Hohlen Erde* (Kopp Verlag).

Zurück in Deutschland im Sommer des Jahres 1945 war die Geschichte des Verschwindens der Heiligen Lanze und der anderen Schätze aus dem Land nur eines der vielen Gerüchte, die der amerikanische Armeegeheimdienst (AIS) untersuchte. Ein Bericht des AIS aus dieser Zeit, der sich jetzt in den Akten der Kongreßbibliothek in Washington unter der Überschrift *Bericht über Wiedererlangung der deutschen Reichskleinodien des Heiligen Römischen Reiches* befindet, deutet darauf hin, wer die Verantwortlichen beiden Personen dieser Geschichten gewesen sein könnten:

> Man könnte behaupten, die Idee, die Spuren des Abtransports mit Hilfe der erfundenen Geschichte, wonach die Insignien im See Zell bei Salzburg versenkt worden seien, zu verdecken, stamme aus den höchsten Kreisen der deutschen SS, und daß die Anweisungen für einen gefälschten Abtransport von Nürnberg aus Berlin kamen. Die Tatsache, daß nicht einmal die Leiter des Reichssicherheitshauptamtes in dieses Geheimnis eingeweiht waren, zeigt die damit zusammenhängende politische Bedeutung.
>
> Aufgrund dieser Fakten und der Gespräche mit gefangenen SS-Beamten, in Berichten des Third-Army-Geheimdienstes festgehalten, scheint es, daß die Chefs des deutschen Sicherheitsdienstes planten, die Reichsinsignien als Symbole der zukünftigen deutschen Widerstandsbewegung einzusetzen. Oberbürgermeister Liebel aus Nürnberg mag sich dieser Rolle der Insignien bewußt gewesen sein. Andere Beamte der Stadt, die am Abtransport beteiligt waren, waren sich dessen nicht bewußt.

Der hartnäckige Leutnant Walter Horn war sich jedoch noch lange nicht sicher, ob Dr. Fries und Heinz Schmeissner nicht doch eventuelle Informationen zurückhielten, obwohl beide beständig die gleiche Geschichte erzählten. Sie behaupteten, daß ein Konvoi mit SS-Männern am Morgen des 2. April in der Oberen Schmiedegasse ankam. Dort öffneten sie den Tunnel hinter dem alten Haus unter Aufsicht Willi Leibels, packten die Reichskleinodien in hölzerne Kisten und verschwanden. Ihre Geschichten waren, wie Horn wußte, in fast jeder Hinsicht eine Wiederholung der Gerüchte, nach denen der Schatz nun am Boden des Sees Zell lag.

Skizze des Speers aus amerikanischen Geheimdienstakten, die aus der Bibliothek des Kongresses stammen

Doch der Leutnant war davon einfach nicht überzeugt. Dann bestätigte ihm ein zufälliges Treffen mit einem alten Freund, der für den US-Geheimdienst arbeitete, daß er mit Recht so mißtrauisch gewesen war. Jack Rosenthal installierte Abhörgeräte in den Zellen früherer Nazis, um deren Gespräche aufzuzeichnen. Als Horn ihn fragte, ob er ihm in seiner Mission helfen könnte, antwortete Rosenthal, daß er sich besonders an zwei Männer erinnere, die über die »Kronjuwelen« sprachen, die im Berg von Nürnberg begraben waren.

Rosenthal gab seinem Freund detaillierte Informationen über einige dieser Gespräche und eine Liste mit interessanten Namen, die zwischenzeitlich aufgetaucht war. Leutnant Horn fuhr entschlossener denn je zurück nach Nürnberg, um nun die Wahrheit aus Dr. Konrad Fries herauszuholen. Als dieser am 3. August verhaftet worden war und die Nacht eingesperrt im gefürchteten Vernehmungszentrum der Third Army hatte verbringen müssen, dürfte für den früheren Experten für Luftangriffsvorkehrungen eine Welt zusammengebrochen sein, wie Horns Bericht, der ebenfalls in den Akten in Washington liegt, enthüllt:

> Da die Untersuchungen in Nürnberg festgefahren waren, entschied sich Lt. Horn, Stadtrat Fries mit Oberführer Spacil zu konfrontieren, der für denjenigen SS-Offizier gehalten wurde, dem die Insignien von Oberbürgermeister Willi Liebel übergeben worden waren. Unter den Auswirkungen der Nacht in Einzelhaft und dem Druck eines kurzen Verhörs vor der Konfrontation mit dem SS-Mann brach Fries zusammen und gestand.
>
> Der demoralisierte Mann gab zu, daß viele seiner vorherigen Aussagen falsch gewesen waren. Die Reichskleinodien waren nie von der SS an irgend jemanden übergeben worden. Er und Leibel waren verantwortlich gewesen, den Schatz am 31. März im Untergrundbunker am Paniersplatz im Gestein zu verstecken. Um diese Verlagerung zu verdecken, wurde am 2. April mit Hilfe lokaler SS-Männer eine fiktive Operation veranstaltet. Dr. Fries war endlich gewillt, das Versteck

des verlorenen Schatzes preiszugeben und bei der Suche danach behilflich zu sein.

Leutnant Horns Bericht fügt hinzu, daß Schmeissner nach Konfrontation mit Fries' Aussage ebenfalls seinen Teil der Episode gestand. Am Morgen des 7. August fanden sich die beiden Gefangenen zusammen mit Kapitän Thompson, Leutnant Horn, einem Insignien-Experten, zwei Soldaten und einem Steinmetz vor dem Eingang des Bunkers am Paniersplatz ein. Der Bericht schließt wie folgt:

> Fries und Schmeissner führten die Gruppe zum Versteck, einem kleinen Raum in dem unterirdischen Korridorsystem, etwa 25 Meter unter der Oberfläche des Paniersplatzes. Nachdem ein Loch durch die Steinwand an einem Ende des Raumes gemeißelt worden war, konnten die vier Kupferbehälter mit den Insignien herausgeholt werden. In Anwesenheit aller Personen, die Zeugen der Bergung waren, wurden die Kupferbehälter an ihren ursprünglichen Ort unter dem Nürnberger Schloß zurückgebracht, wo sie hinter Stahltüren gesichert sind.

Die Reichskleinodien sollten noch weitere fünf Monate in Nürnberg bleiben, während sich die Räder der Bürokratie langsam drehten, um die Erlaubnis für die Rückkehr der altertümlichen Schätze zur österreichischen Regierung zu erhalten. Dies geschah jedoch nicht ohne den Protest von Ernst Günter Troche, dem Direktor des Germanischen Nationalmuseums – das erstaunlicherweise die schlimmsten alliierten Angriffe überstanden hatte –, der behauptete, daß die Insignien nach Nürnberg gehörten. Das deutsche Volk, sagte er, »hat ein gemeinsames Interesse an und ein Recht zu einer solchen Lösung«, während die Stadt selbst »ein historisches Recht als Verwalter der Regalia« habe. Nichtsdestotrotz lehnte General Dwight Eisenhower,

Oberkommandierender der Alliierten in Europa, dieses Ansuchen ab und beorderte den gesamten Schatz zurück nach Wien, von wo ihn Hitler unrechtmäßig beschlagnahmt hatte.

Am 4. Januar 1946 wurde die wertvolle Sammlung aus den Ruinen der »spirituellen Heimstatt des Nationalsozialismus« gebracht und in einem Flugzeug vom Typ American Dakota von Fürth nach Wien transportiert. Dort übergab sie am 6. Januar General Mark Clark ohne jegliche Zeremonie der Stadt.

Einen Monat später wurden die heiligen Reliquien wieder in der Schatzkammer ausgestellt. Aber aufgrund des Wiedererscheinens des Speers nach Jahren in den Händen Adolf Hitlers kam ein noch größeres Rätsel auf. War es der *echte*? Oder war er ein *Duplikat*, gegen den der echte Speer in der Panik und Verwirrung der letzten Tage des Dritten Reiches ausgetauscht worden war? Die Antworten auf diese Fragen – wenn sie denn auftauchten – waren wieder einmal nicht ohne Überraschungen.

Seit dem Ende des Zweiten Weltkriegs gesammelte Informationen weisen darauf hin, daß es tatsächlich *drei* Reliquien gab, die in Deutschland zwischen 1938 und 1945 als »heilige Speere« gelistet waren. Einer war der von Hitler in Wien beschlagnahmte »Speer des Longinus«. Bei dem zweiten handelte es sich um eine speziell für Heinrich Himmler, den nach Hitler berüchtigtsten deutschen Führer, erstellte brillante Kopie. Und die dritte war »Die Lanze des Mauritius«, die sich ebenfalls im Zentrum bizarrer Kontroversen befindet.

Himmler, der Reichsführer SS, war eines der frühesten Mitglieder der NSDAP. Eingeweiht in das geheime Leben und die Obsessionen des Führers, teilte er dessen Faszination vom Okkulten. Er hatte sich schon seit seiner Jugend für dieses Thema interessiert, aber das Interesse verwandelte sich in Euphorie, als er 1928 Margarete Boden heiratete, die Tochter eines preußischen Grundbesitzers, die sich auf dilettantische Weise mit Hypnose, Kosmologie und Kräutermedizin beschäftigte. Unter ihrem Einfluß erforschte der frühere Katholik Himmler bald die Hexerei und stellte die Theorie auf, daß die Hexenverfolgung des 17. Jahrhunderts eine Art Holocaust der deutschen Rasse darstellte, der von der Römisch-Katholischen Kirche ausgeübt wurde. »Die Hexenverfolgung kostete das deutsche Volk hunderttausende Mütter und Frauen, die grausam gequält und ermordet wurden«, soll er bei später Gelegenheit einmal gesagt haben.

Der SS-Führer erstellte schließlich eine Sammlung von über 140 000 Büchern zur Hexerei und ließ seine Mitarbeiter ein Verzeichnis von 34 846 Hinrichtungsfällen für Hexerei in Deutschland und dem Rest der Welt aufstellen, um seine Theorie zu untermauern und eine schreckliche Rache zu rechtfertigen. Aufgrund seiner Recherchen glaubte Himmler auch an Reinkarnation, ein Fakt, der in einer Ansprache an hochrangige SS-Offiziere in Dachau 1939 bestätigt wurde und auch von Francis King erwähnt wird:

> Er glaubte, die Reinkarnation von Heinrich I. zu sein, dem Monarchen, der das sächsische Königshaus begründet hatte, die Polen nach Osten vertrieb und dessen Erinnerung er in eigenartiger Verehrung hielt. Am tausendsten Todestag Heinrichs schwor er einen Eid, des Königs »zivilisierende Mission im Osten« weiterzuführen, und jedes Jahr danach verbrachte er in stiller Meditation vor dem Grabstein des Monarchen, der, wie er sagte, ein »geheiligter Platz, zu dem wir Deutschen pilgern sollten« war.

Heinrich I. war selbstverständlich stolzer Besitzer des Speers des Longinus und Trevor Ravenscroft glaubte, daß die Reliquie auch zur Obsession im Leben des Reichsführers SS wurde:

> Während Adolf Hitler 30 Jahre lang geduldig wartete zwischen dem ersten Anblick des Speers in der Hofburg und

dem Tag, an dem er ihn als eigenen Besitz für sich behaupten konnte, nahm Himmler das Ereignis voraus, indem er 1935 eine exakte Kopie des Speers anfertigen ließ, drei Jahre bevor der Führer Österreich annektierte und die Schätze der Habsburg-Dynastie plünderte. Eine Drohung aus einer germanischen Prophezeiung von vor tausend Jahren brachte Himmler dazu, eine Replika des Speers erstellen zu lassen, der mit einer Legende vom Weltschicksal verbunden war. Diese Prophezeiung kam von den Lippen eines sächsischen Wahrsagers aus dem Zeitalter der Herrschaft Heinrichs und berichtete von einem »gigantischen Sturm, der aus dem Osten kommen würde, um die deutschen Völker zu überwältigen, sollte er nicht gestoppt und zurückgeschlagen werden in der Region um Birkenwald in Westfalen«.

Himmlers Replika wurde stolz in der Wewelsburg ausgestellt, einer altertümlichen Burg in der Nähe von Paderborn in Westfalen, die als »verkörpertes Zentrum seines SS-Heidentums« bekannt wurde. Himmler hatte das Gebäude 1934 in schlechtem Zustand aufgekauft und es in eine Burg umgewandelt, die den »Mächten aus dem Osten« widerstehen konnte, wie die alte Legende vorhergesagt hatte. In den Jahren bis 1945 soll Himmler 13 Millionen Reichsmark in den Wiederaufbau der Ruine gesteckt haben. Er widmete die schönsten Zimmer verschiedenen legendären deutschen Helden, einschließlich Otto dem Großen, Heinrich IV. und Friedrich Barbarossa – alle ehemalige Besitzer des Speers.

Das Duplikat der Lanze wurde laut einer Darstellung ohne Himmlers Wissen von einem hochbegabten jüdischen Juwelier angefertigt bzw. war laut einer anderen Version eine echte Antiquität, die in der alten römischen Stadt Trier gefunden worden war und professionell aufgearbeitet wurde. Der Speer stand in einer antiken Holzkiste auf dem Schreibtisch des Reichsführers. Dieser gab die Anweisung, daß er dort auf dem reich verzierten roten Kissen zu verbleiben hatte, bis Hitler das Original aus Österreich für sich beanspruchte. Denn dann, dachte er, würde er ihm als Symbol der neuen Ordnung übergeben werden. Himmlers Enttäuschung, als diese Hoffnung nicht eintraf, kann man sich kaum vorstellen, jedoch gibt es keinen Zweifel an dem Zorn, den Himmler sofort gegen alle Religionen richtete, die die Weltanschauung des Nationalsozialismus anzweifelten.

1945, während der letzten Tage des Dritten Reiches, kreuzten sich die Wege von Himmlers Replika und der dritten Reliquie, der »Lanze von Mauritius«. Die Fakten dieser seltsamen Episode sind in den Schriften von Duncan Kyle, Trevor Ravenscroft, Howard Buechner und Wilhelm Bernhart zu finden. Als erster meinte Duncan Kyle in *Black Camelot*:

> Am 31. März 1945 versuchte eine Gruppe von SS-Ingenieuren unter Major Heinz Macher auf Anordnung von Himmler selbst, die Wewelsburg zu zerstören. Zwei Tage vorher war das Duplikat der Heiligen Lanze heimlich entfernt und mit anderen Schätzen des Reichs zur Sicherheit nach Nürnberg gebracht worden.

Den Schatz stellten natürlich die Reichskleinodien dar – von Bürgermeister Willi Liebel versteckt –, die in Kürze wieder ans Tageslicht kommen sollten. Jedoch kam laut Ravenscroft zuvor ein »außerordentliches und komisches Mißverständnis« zustande, das die Fortführung der Legende des Speers des Schicksal für die wechselnden Besitzer garantierte.

Als Liebel die Gegenstände aufzählte, die in ein alternatives Versteck gebracht werden sollten, bezeichnete er die Heilige Lanze als »Die Mauritius-Lanze«. Zufällig war einer der sechs Teile des Schatzes ein Schwert mit der Bezeichnung »Mauritius-Schwert«. Und es war das Schwert von St. Maurice, das anstelle der Lanze von St. Maurice versteckt wurde. Diese Verwirrung führte laut Buechner und Bernhart zu noch bizarreren Wendungen der Geschichte, wie sie in ihrem Buch *Adolf Hitler and the Secrets of the Lance* schrieben: »Als die Kiste am 30. April 1945 in Nürnberg enthüllt wurde, befand sich die echte Lanze entweder in der Antarktis oder auf dem Weg dorthin, und Himmlers gefälschter Speer hatte ihren Platz in der Sammlung eingenommen.«

Die wissenschaftlichen Tests in Wien im Jahre 2003 haben jedoch bewiesen, daß der Speer der Wiener Schatzkammer keine Fälschung aus dem 20. Jahrhundert ist. Aber sogar diese altertümliche Reliquie ist nicht alt genug, um die Seite Christus' durchbohrt haben zu können. Also wo in dieser Mischung aus Mythos und Gerüchten befindet sich der echte Speer, wenn er denn überhaupt existiert? Die Antwort liegt einige tausend Kilometer entfernt von der Antarktis, von Europa oder sogar dem Nahen Osten, in den Weiten Kleinasiens.

Zehn

Das Geheimnis von Gheghardavank

Teile der altertümlichen Stadt Kayseri tief im Herzen der Türkei wirken fast biblisch in ihrer Erscheinung – was vielleicht nicht sonderlich überrascht, da sie schon zur Zeit Christi eine eindrucksvolle römische Gemeinde war, damals noch mit dem Namen Mazarca. Am Fuß des klotzigen, schneebedeckten Erciyes Dagi – ein 3916 Meter hoher inaktiver Vulkan, der altertümliche Argaeus – lag die Stadt seit 6000 Jahren und war in klassischen Zeiten die Hauptstadt Kappadokiens. Kayseri ist voll von eindrucksvollen Erinnerungen an die Vergangenheit … und ein wichtiger Hinweis auf den Verbleib des wahren Speers des Longinus.

Die Stadt erlangte zuerst während der Jahre des hethitischen Reichs an Bedeutung, vorrangig deshalb, weil sie an einer Kreuzung der Haupthandelsstraßen liegt, bei der sich die Routen von der ägäischen Küste nach Osten mit denen zwischen dem Mittelmeer und dem Schwarzen Meer kreuzen. Viele Jahre lang war Kappadokien unabhängig gewesen, bis die römischen Legionen eintrafen. Der letzte König, Archelaus I. (37 v. Chr. bis 17 n. Chr.), änderte den Namen der Stadt zu Ehren seines Förderers, Caesar Augustus, in Caesarea. (Das moderne Kayseri ist nur eine leichte Abweichung des römischen Namens.)

Caesareas ungeschützte Lage auf dem zentralen Plateaus der Türkei machte die Stadt jedoch zu einem idealen Ziel für eindringende Armeen, und so gelangte sie von den Römern zu den Byzantinern und später zu den Seldschuken, Mongolen und Mamluken, bis sie letztlich 1515 vom ottomanischen Reich annektiert wurde. Der schwarze Vulkanfels *ic Kale,* oder Zitadelle, mit seinen 19 Basalttürmen im Zentrum der Stadt, wurde im sechsten Jahrhundert von Kaiser Justinian gebaut. Er ist das auffallendste Wahrzeichen und eine lebendige Erinnerung an Kayseris umkämpfte Vergangenheit. Zwischen den altertümlichen Moscheen mit ihren Minaretten und den eleganten architektonischen Gebäuden der geschäftigen Straßen steht der eindrucksvolle *Döner Kümbet* (wörtlich übersetzt »sich drehende Gruft«) aus dem 13. Jahrhundert. Das zwölfseitige Mausoleum mit zylinderförmigem Dach dreht sich nicht wirklich, aber laut einer lokalen Legende sollen es die, die reinen Herzens sind, früh am Morgen rotieren sehen.

Die Gegend um Kayseri ist beispiellos in Hinblick auf Geschichte wie auch Rätselhaftigkeit. Als Folge von Eruptionen des Erciyes vor Millionen von Jahren wurde die umgebende Hochebene mit weichem Gestein aus Lava, Asche und Schlamm überschüttet, die sich wiederum im Laufe der Jahrhunderte durch Regen, Wind und Fluten in eine außerirdisch anmutende Landschaft mit kegelförmigen, weißen Monolithen verwandelte, die als *Peribaca* bekannt sind. Die Bewohner dieser Gegend stammten aus unterschiedlichen Regionen, und obwohl die Bibel darauf besteht, daß die Mushki- und Tabal-Stämme Kappadokiens das »raueste Volk auf Erden« seien, haben andere Schriftsteller des Altertums die unübertroffene Schönheit ihrer Frauen hervorgehoben.

Diese erstaunliche Region ist außerdem Jahrhunderte lang eine Brutstätte religiöser Aktivitäten gewesen. Ab ca. 525 v. Chr. verehrten die das Feuer anbetenden Zoroastrier aus Persien den vulkanischen Erciyes-Dagh-Berg. Dann erbauten die ersten Christen eine Festung in Kappadokien, die bis zum vierten Jahrhundert zu einem wichtigen Zentrum für die christliche Lehre und Philosophie wurde. Wie Selin Tuysuzoglu in seinem Reiseführer *Turkey* (2001) schreibt: »Vor den Römern, Ikonoklasten, Sassaniden und Türken versteckt, meißelten diese zähen Christen wunderschöne, mit Fresken bemalte Kirchen und kolossale Untergrundstädte in den weichen Tuff.«

Kayseri blieb bis zu den arabischen Überfällen des siebten Jahrhunderts ein wichtiges Zentrum für die Christen. Es wurde außerdem als Geburtsort von Basilius dem Großen bekannt, der als einer der Begründer der frühen christlichen Kirche gilt. Er wurde 329 geboren und war der Nachfolger von Bischof Eusebius in seiner Heimatstadt, zuständig für die Organisation des Klosterlebens Kappadokiens und Verfasser einer Reihe wichtiger Werke über den christlichen Glauben.

Lange davor, ganze 300 Jahre, gab es jedoch einen weiteren frühen Christen, der in Kayseri lebte. Sein Name war Gaius Cassius Longinus, der römische Zenturio, dessen Speer die Seite des Christus durchbohrt hatte.

Heute gibt es vier Speerspitzen, von denen behauptet wird, die Lanze zu sein, die Longinus bei der Kreuzigung benutzt hatte. Die erste von ihnen ist natürlich die in Wien. Es gibt eine zweite im Vatikan in Rom, eine dritte in der polnischen Stadt Krakau, und der erfolgreichste Anwärter von allen befindet sich in Armenien. Es existieren auch Geschichten über einen »Speer« in Antiochia – dem heutigen Antakya in der Türkei –, dessen Schicksal weiterhin Rätsel aufgibt.

Die Geschichte der Speerspitze, die sich in Rom befindet, ist lang und verschlungen. Sie beginnt im Jahr 570 n. Chr., als ein Pilger namens St. Antoninus von Piacenza Jerusalem besuchte. Dort, in der Basilika am Zionsberg, kam er mit zwei erstaunlichen Reliquien in Kontakt, wie er später in seinem *Breviarus* schrieb: »Es gibt viele heilige Orte in Jerusalem, und in der Heiligen Grabeskirche sah ich die Dornenkrone, mit der Unser Herr gekrönt wurde. Dort gab es auch die Lanze, mit der Er in die Seite gestochen wurde.«

Ähnliche Berichte der Verehrung dieses Speers durch Pilger, die Jerusalem besuchten, sind nachweisbar. Sie stammen aus den Werken des kalabrischen Schreibers Magnus Cassiodorus und nach ihm von dem fränkischen Historiker Gregor von Tours aus dem sechsten Jahrhundert aus dessen hagiografischer Zusammenstellung *Miraculorum Libre VII*. Als jedoch die Stadt 615 vom persischen König Chosrau erobert wurde, »fielen die geheiligten Reliquien der Passion in die Hände der Heiden«. Das besagt ein zeitgenössisches Dokument, das *Chronicon Paschale*. Der Bericht fährt fort:

> Als die Eroberung stattfand, wurde die Spitze der Lanze, die abgebrochen war, im selben Jahr König Nicetas gegeben, der sie nach Konstantinopel brachte und dort in der Kirche von Hagia Sophia hinterlegte. Dort wurde die Lanzenspitze in eine *Yeona*, eine Ikone, gelegt.

Bis zum Jahre 1244 hörte man nichts mehr von dem zerbrochenen Speer. Danach soll die Spitze in den Besitz Kaiser Baldwin II. von Konstantinopel gelangt sein. Als jedoch im Jahre 1261 eine eindringende griechische Armee den Kaiser flüchten ließ, übergab er sie Louis IX., dem Kreuzfahrer aus dem dreizehnten Jahrhundert und König aus Frankreich. Der König seinerseits brachte das Fragment dann in die Sainte-Chapelle nach Paris, wo es bis zum Ausbruch der Französischen Revolution blieb. Während dieser Zeit des Umbruchs schienen mehrere heilige Reliquien zur *Bibliotheque Nationale* gebracht worden zu sein, um sie zu sichern. Leider ist das Metallstück dort verschwunden und wurde seitdem nicht wieder gesehen.

Dem zweiten und größeren Teil der zerbrochenen Lanze erging es glücklicherweise besser. Um das Jahr 670 wurde er sicher vom römischen Historiker Arcuplus zurück in die Heilige Grabeskirche nach Jerusalem gebracht, wobei ihm auffiel, daß der byzantinische Kaiser Heraclius in der Zwischenzeit wohl Restaurationsarbeiten vorgenommen hatte, um den Speer zu erhalten.

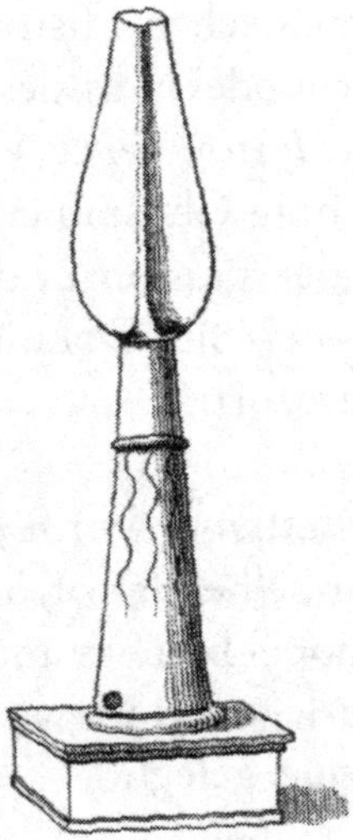

Der heilige Speer von Rom

Heraclius, der in Kappadokien geboren wurde, war ein brillanter Soldat und Taktiker, aber er soll seinen Ruhm mit »Zügellosigkeit und theologischen Streitereien« zerstört haben. Später strömten Pilger, einschließlich des bekannten englischen Reisenden Sir John Mandeville, nach Konstantinopel, um den restaurierten Speer zu besichtigen. Sir John, der Reisen nach Europa, Persien, Arabien, Nordafrika, Indien und in die Türkei unternahm, behauptete in seinem Buch *Travels*, beide Teile des Speers im Jahr 1357 gesehen zu haben – die Spitze in Paris und den größeren Teil in Konstantinopel –, und ließ wissen, daß die Spitze viel kleiner sei als der andere Teil.

1492 beschlagnahmten eindringende Türken in Konstantinopel wieder einmal die heilige Reliquie, zusammen mit einer Sammlung weiterer wertvoller Schätze. Laut Henry Pastors *History of the Popes* (1889) schickte der ottomanische Sultan Beyazid II. dem Papst Innozenz VIII. den Speer als Geschenk, um die Freilassung seines Bruders Zizim zu erreichen, der Gefangener des Papstes war. Sobald sie in Rom ankam, bekam die Lanze ohne Spitze einen Ehrenplatz im Petersdom. Nur etwas mehr als ein Jahrhundert später, im Jahre 1606, wurde der Speer zum Mittelpunkt eines Monuments, des *Ciborium de la Sainte Lance*, entworfen von Francesco Grimaldi zur Ehrung von Papst Innozenz VIII.

Interessanterweise wurden zur selben Zeit erste Zweifel an der Echtheit der Reliquie laut, denn es gab »Konkurrenten« in Frankreich und Deutschland. Aber niemand – ob Gelehrter oder Laie – versuchte diese Behauptungen zu untersuchen. Das mußte bis zum Ende des 19. Jahrhunderts warten, als ein französischer Experte für religiöse Artefakte, M. F. de Mely, eine ausführliche Untersuchung des Speers im Petersdom durchführte. Er veröffentlichte die Ergebnisse in einem Werk, das nun als eine der maßgeblichen Studien zur Legende gilt und 1904 in Paris erschien: *Exuviae Sacre Constantinopolitanae*.

De Mely konnte sich »eine exakte Zeichnung der Lanzenspitze aus einem alten Manuskript in der Ambroisienne in Milan« verschaffen und diese mit der größeren Reliquie in Rom vergleichen. Er berichtete, daß er zufrieden gewesen sei, denn »die beiden Fragmente formten ursprünglich eine Klinge«.

Heute befindet sich die größere Speerspitze zwischen den vier Säulen des Altars im Petersdom im Vatikan. Die Kirche besitzt auch eine prächtige Statue des St. Longinus, angefertigt von Gianlorenzo Bernini, die den Legionär mit den Armen mahnend in die Luft gestreckt und mit dem berühmten Speer in der rechten Hand zeigt. In einer kurzen Mitteilung eines Sprechers des Vatikans an den Autor dieses Buches heißt es in diesem Zusammenhang: »Die katholische Kirche kann nichts über dessen Authentizität sagen.«

Die Metropole Krakau, die in einem weiten Tal am Ufer des Flusses Malopolska liegt, ist die viertgrößte Stadt Polens, obwohl sie Jahrhunderte lang Hauptstadt des Staates war und in

Größe und Reichtum mit anderen großen zentralen europäischen Städten wie Budapest, Prag und Wien vergleichbar war. Viele der altertümlichen Gebäude und historischen Stätten befinden sich in und um die mittelalterliche Altstadt, deren Silhouette von den beiden Türmen der Marienkirche am Marktplatz dominiert wird. In südlicher Richtung liegt auf einem Hügel das prächtige Schloß Wawel, das eine schöne Aussicht auf die »Vistula-Biegung« bietet, wo der Fluß einen Winkel von fast neunzig Grad beschreibt.

Es existiert jedoch ein Gebäude, das noch stärker mit der Geschichte Krakaus und der ganzen Geschichte Polens zusammenhängt: die prächtige gotische Kathedrale. Es ist das dritte Gebäude an dieser Stelle, seit 1020 der Grundstein gelegt wurde. Die bestehende Kathedrale wurde zwischen 1320 und 1364 von König Wladyslaw gebaut, um die Reliquien des Heiligen Stanislaus zu beherbergen, der von den Polen sehr verehrt wurde. Sie enthält zahlreiche Kapellen, drei Türme und in der Eingangshalle hängen die Knochen einer »altertümlichen Kreatur«. Laut der Legende steht der Weltuntergang bevor, wenn sie herunterfallen.

Das Ziel des Interesses, die Legende des Speers betreffend, liegt in der Schatzkammer der Kathedrale, einem imposanten Gebäude, dessen Ursprung im elften Jahrhundert liegt. Man erreicht sie über die Sakristei, vorbei am außergewöhnlichen Kreuz der Königin Jadwiga. Der Tradition nach soll die Königin, die später zur Heiligen erklärt wurde, vor dem sehr ausdrucksvollen Kreuz aus dem 14. Jahrhundert gebetet haben. Reliquien von ihr befinden sich nun im Altar.

Die einzigartige Sammlung religiöser Objekte in der Schatzkammer ist jedoch nicht für die Öffentlichkeit zugänglich, obwohl einige Gegenstände, einschließlich Schwerter, königliche Insignien aus Gold und Silber, reich verzierte Krönungsroben und verschiedene kirchliche Gefäße, manchmal im angrenzenden Museum der Kathedrale ausgestellt werden. Einer der Höhepunkte der Kollektion – obwohl selten gesehen – ist die Speerspitze, deren Geschichte vom Gelehrten M. Przezdziecki in seinem Werk *Bibliotheca Warszawka* (1861) aufgezeichnet wurde. Er zitiert den altertümlichen Text aus *Miracula Sancti Adalberti Martiris*:

> Die Speerspitze liegt seit acht Jahrhunderten in der Schatzkammer. Der Legende nach ist sie die Lanze von Maurice, die Boleslas dem Mutigen – der erst Graf war und dann König von Polen – von Otto III. zur Zeit der Pilgerreise des Kaisers zum Grab von Sankt Adalbert in Gnese, Polen, im Jahr 1000 übergeben wurde. Sie war ein Zeichen der Autorität, und Karl Martel besiegte damit die Sarazenen bei Poitiers im Jahre 731. Es ist möglich, daß Otto III. die Lanze im Stil der Heiligen Lanze des Römischen Reiches hat anfertigen lassen, um sie seinem mächtigen Verbündeten Boleslas von Polen zu schenken.

Historiker sind jedoch hinsichtlich der Erwähnung des Kriegers Karl Martel, der im Besitz des Speers gewesen sein soll, skeptisch. Martel, »der Hammer«, wurde 676 als Sohn Pippins von Heristal geboren, und man erinnert sich an ihn als den Gewinner der Schlacht von Poitiers, von der die Rettung Europas vor den Arabern ausging. Als schlauer und wilder Kämpfer wurde er von den österreichischen Franken 714 zum Grafen und schließlich innerhalb von fünf Jahren zu ihrem Herrscher gewählt. Nach vielen harten Kämpfen mit den Sachsen, Alemannen und Bayern schlug Karls Stunde bei einer Konfrontation mit moslemischen Eindringlingen, die durch das südliche Asien, Nordafrika, die Iberische Halbinsel und Südfrankreich – in einem verzweifelten Kampf um das Land zwischen Tours und Poitiers – gestürmt waren.

Laut einem oder zwei Berichten hatte Karl Martel seine Truppen mit derselben Lanze in die Schlacht geführt, die

St. Maurice bei seinem Widerstand gegen die Macht des Römischen Reiches getragen hatte. Diese Geschichte scheint aber unglaubwürdig, da der Name Martel, der ihn nach seinem Tod im Jahre 741 unsterblich gemacht hat, von der Waffe stammt, mit der er stets kämpfte – einem riesigen Hammer.

Martels Ruhm resultierte anfänglich aus seiner Erfindung von Steigbügeln an den Sätteln von schweren Kavalleriepferden, mit deren Hilfe die Krieger auf dem Pferd sitzen bleiben konnten. Diese Erfindung erlaubte es den Soldaten, eine schwere Lanze in einer Hand zu tragen, während sie die Steigbügel fest im Sattel hielten. So konnten die Kämpfer einen Feind mit der Lanze durchbohren, indem sie ihr ganzes Gewicht sowie das ihrer Pferde nutzten.

Das einzige Problem bei dieser Erfindung war, daß das Opfer oft mit solcher Kraft getroffen wurde, daß es am Ende der Lanze aufgespießt hängenblieb, weshalb der Krieger sich in der Schlacht nicht mehr verteidigen konnte. Martels Rüstmeister lösten dieses Problem, indem sie einen verblüffenden Zusatz an der Lanzenspitze anbrachten, durch den das Opfer nicht mehr so tief durchbohrt werden konnte. Diese neue Waffe wurde als »geflügelte Lanze« bekannt, und sie gibt die Erklärung, warum – wie ich glaube – Trevor Ravenscroft mit seiner Behauptung aus *The Spear of Destiny* falsch liegt:

> Der rätselhafte Talisman wurde in den Händen des fränkischen Generals Karl Martel (»Der Hammer«) zu einer echten Waffe, als er seiner Armee zu einem Wundersieg über die sich in der Überzahl befindenden arabischen Armeen bei Poitiers (732 n. Chr.) verhalf. Eine Niederlage hätte ganz Westeuropa unter die Herrschaft und Religion des Islams gebracht.

Der Hammer, der Martel letztlich seinen Spitznamen einbrachte, soll entweder von ihm beim Jagen im Wald gefunden, von einem Zauberer geschenkt oder von einem Ahnengott übergeben worden sein. Die Variationen sind fast unendlich und fast alle von ihnen zweifellos von Karl angeregt, um seine Feinde einzuschüchtern. Die Waffe selbst soll etwa einen Meter lang gewesen sein, versehen mit einem massiven Kopf mit magischen Mustern, die ihm Zauberkräfte verschaffen sollten. Der Schaft war hölzern und angeblich feuerfest. Laut einer Legende schwang Karl den Hammer, »als wäre er ein einfaches Schwert«, aber kein anderer Mann konnte ihn anheben. Leider gibt es keine Aufzeichnungen über den Verbleib dieser außergewöhnlichen »geflügelten Lanze«.

Der Speer von Krakau verbleibt jedenfalls in der Schatzkammer der Krakauer Kathedrale hinter Schloß und Riegel. Es kann an dieser Geheimnistuerei gelegen haben, daß Hitler ihn 1938 zur Fälschung erklärte, obwohl er ihn nie gesehen hatte. Es besteht kein Zweifel, daß es seine Absicht war, die Authentizität seines eigenen Speers zu erhöhen.

Das Foto und die Zeichnung, die ich mir beschaffen konnte (letztere ist nachstehend wiedergegeben), zeigen die deutliche Ähnlichkeit des Krakauer Speers mit dem aus Wien. Der Histo-

Die geheiligte Lanze Krakaus

riker Friedrich Sprater, der ihn vor einem halben Jahrhundert skizzierte, nannte ihn in seinem Buch *Die Reichskleinodien in der Pfalz* (1942) unmißverständlich das »vielleicht bekannteste einer Reihe ungenauer Duplikate der wahren Lanze«. Die Kirchenoberhäupter der Krakauer Kathedrale sagen wie jene in Rom nichts über die Authentizität.

Die nächste Reliquie, die die Lanze des Zenturios sein soll, gelangte bis zum Ersten Kreuzzug im Jahre 1098 nicht ans Licht und ist aller Wahrscheinlichkeit nach überhaupt kein Speer. Die Geschichte, die sich hinter diesem Gegenstand verbirgt, ist eine weitere Mischung aus Fakten und Märchen und beginnt mit dem Leben eines bescheidenen Mönchs namens Peter Bartholomäus zu einer Zeit, als 100 000 hungernde und kranke Kreuzfahrer dem fast sicheren Tod durch mehr als eine Viertelmillion Türken entgegensahen.

Der erste einer Reihe von Kreuzzügen zur Wiedergewinnung des Heiligen Landes – besonders Jerusalems und der Heiligen Grabeskirche – vom Islam während des elften bis vierzehnten Jahrhunderts, begann in Frankreich im Jahre 1095. Auf der Synode von Clermont, die in jenem Jahr stattfand, rief Papst Urban II. die Christen aus ganz Europa dazu auf, Krieg gegen die Ungläubigen zu führen. Er versprach, daß die mühselige Reise als Buße für ihre Sünden gelten würde, und ein allgemeiner Waffenstillstand wurde vereinbart, um das Eigentum von jedem, der sich den Kreuzfahrern anschloß, zu beschützen. Die Kreuzfahrer erhielten ihren Namen von den Kreuzen, die anläßlich dieser Versammlung verteilt wurden.

Der Erste Kreuzzug, der noch im selben Jahr begann, bestand aus verschiedenen undisziplinierten Horden französischer und deutscher Bauern, angeführt von einem charismatischen Prediger namens Walter Sans-Avoir (Walter Habenichts). Die Hetzjagd begann mit dem Massaker an Juden im Rheinland, anschließend schockierten sie die Bulgaren und Ungarn mit ihren Ausschweifungen und Plünderungen, bevor sie vertrieben werden konnten. Als das Heer Konstantinopel erreichte, war die Zahl der Kreuzfahrer stark reduziert. Die Übriggebliebenen reisten bis nach Kleinasien, wurden jedoch leicht von den Seldschuk-Türken besiegt.

Im Jahre 1097 folgte jedoch eine gut organisierte Armee von Kreuzfahrern ihren Spuren. Sie wurden von Graf Raimund IV. von Toulouse geführt, und unter ihnen befanden sich Gottfried, Herzog von Niederlothringen sowie Bohemund I. und sein Cousin Tankred. In der Türkei angekommen, verbündeten sich die Europäer mit dem byzantinischen Kaiser Alexius I. und nahmen die Kämpfe gegen die islamischen Truppen wieder auf.

Diese besser ausgestatteten und organisierten Kreuzfahrer gelangten bald an die Mauern von Antiochia, dem heutigen Antakya (Hatay) an der östlichen Küste des Mittelmeers der Türkei, zu jener Zeit die drittgrößte Stadt der Welt nach Rom und Alexandria. Dort belagerten sie die türkische Festung neben dem Fluß Orontes am Fuße des Berges Sipylus und überrannten sie schließlich.

Eine Zeitlang machten die Kreuzfahrer Rast in der ausgedehnten Stadt, die um 301 v. Chr. von Seleukos gegründet worden war und sich im Laufe der Zeit in ein großes Handelszentrum verwandelt hatte (dank der hier vorbeiführenden Routen vom Euphrat nach Kleinasien). Die Männer erfuhren von Antiochias langer Geschichte von Gewalt – sowohl menschliche als auch natürliche –, einschließlich einiger schrecklicher Erdbeben, besonders dem im Jahre 526 n. Chr., bei dem etwa 250 000 Menschen ums Leben kamen. Wegen ihrer Lage war die Stadt schwer zu verteidigen. Anzeichen vorheriger Attacken, Plünderungen und Feuer waren noch immer in den Mauern sichtbar. (Interessant ist, daß sich unter den vielen Funden, die bei späteren Ausgrabungen in der Gegend zutage gefördert wurden, auch der »Becher von Antiochia« befindet, den einige Experten für den Heiligen Gral halten.)

Wenige Monate nach der Ankunft der Kreuzfahrer traf eine große und gut ausgestattete Truppe von Türken bei Antiochia ein und umstellte die Mauern der Stadt, scheinbar auf eine Belagerung vorbereitet, die das Ziel verfolgte, die Stadt wiederzugewinnen. Die christlichen Besatzer hatten nun nur noch die Wahl zwischen der Ermordung durch ihre Gegner oder dem Tod durch Verhungern. In diesem Moment der Krise veränderte laut den überlieferten Berichten eine Vision, die im Zusammenhang mit dem Speers des Longinus stand, alles.

Am 10. Juni 1098 besuchte Peter Bartholomäus, ein Mönch im Dienst eines Mitglieds der Armee von Herzog Raimund und ein Mann mit einem mystischen Ruf, den Anführer des Kreuzzuges. Er wollte ihm und seinem geistlichen Berater, Bischof Adhemar von Le-Puy, von einer Reihe von Träumen, die er gehabt hatte, erzählen. Richard Rainey präsentiert die Fakten in *Phantom Forces* (1990):

> Peter Bartholomäus konnte seine Visionen nicht länger zurückhalten, die er seit Ankunft der Kreuzfahrer in Antiochia gehabt hatte. Der Heilige Andreas war ihm erschienen und hatte ihm befohlen, die Lanze des Longinus zu finden, die unter der Erde auf sie wartete. Der Apostel brachte Peter in die Kirche, hob die Lanze aus dem Boden und sagte ihm, dies sei die Lanze, die von Longinus benutzt worden war.

Obwohl Herzog Raimund die Geschichte ernst nahm, blieb Bischof Adhemar skeptisch. Nun hätte die Geschichte dort enden können, wenn sich nicht Gerüchte über die Visionen des Mönchs in der belagerten Stadt ausgebreitet hätten. Innerhalb weniger Tage hatten weitere Kreuzfahrer, einschließlich eines Priesters, ähnliche Träume. Dieses Mal stimmte das Wort des Kirchenmannes Bischof Adhemar um, und dieser war nunmehr bereit, eine Grabung in der Kirche vorzunehmen.

Am 15. Juni besetzte eine Gruppe Kreuzfahrer die Höhle

unter der Peterskirche. Die *Senpiyer Killisesi*, wie sie heute genannt wird, war ein wichtiger Ort der Gottesverehrung, in einer riesigen Grotte gebaut und wurde als »erste Kathedrale der Welt« angesehen. Laut den Überlieferungen gehörte der Ort dem Heiligen Lukas und der Heilige Petrus soll dort gepredigt und das Wort »Christ« zum ersten Mal geprägt haben.

Die Ausgräber waren verständlicherweise nervös, als sie ans Werk gingen, den Speer zu suchen, obwohl sie hofften, daß er, falls er dort versteckt wäre und gefunden würde, ein gutes Omen für die Zukunft sein würde. Die Gruppe von zwölf Männern – Peter wurde in seiner Vision angewiesen, dieselbe Zahl an Männern zu nehmen, wie Jesus Apostel hatte – wurde von Herzog Raimund, dem Historiker Raimund von Aguilers, der alles aufzeichnete, und Peter selbst angeführt.

Die Männer arbeiteten mehrere Stunden lang, schafften Sand und Steine in Mengen beiseite, aber alles ohne Erfolg. Herzog Raimund hatte schließlich genug vom Warten und verließ die Höhlenkirche, wie Raimund von Aguilers berichtete. Der Historiker fährt in seinen Aufzeichnungen fort:

> Dann sprang Peter Bartholomäus in das Loch. Bald rief er, daß er die Lanze gefunden habe. Ich berührte die Waffe, als sie noch am Boden lag. Der Speer wurde zu Herzog Raimund gebracht, aber Bischof Adhemar weigerte sich, ihn als den echten Speer, der die Seite des Christus durchbohrt hatte, anzuerkennen. Aber der Jubel der Kreuzfahrer war so groß, als sie von diesem Wunder erfuhren, daß er ruhig blieb.

Den verzweifelten und hungrigen Kreuzfahrern erschien die Entdeckung als das Zeichen, auf das sie gewartet hatten. Einige von ihnen hatten von der Legende gehört, daß die Macht des Speers das Schicksal beeinflussen könne, und auch von den beachtlichen Siegen, die seine Besitzer während der letzten tausend Jahre errungen hatten. Jetzt war es sicherlich an der Zeit, aus Antiochia aufzubrechen und die ungläubigen Horden anzugreifen ...

Unter den Kreuzfahrern gab es noch immer Skeptiker, aber ihre Stellung wurde von Tag zu Tag schwächer, da die Hungersnot in ihren Reihen wütete. Außerhalb der Mauern von Antiochia wurde die von Sultan Kerbogha angeführte Armee ebenfalls unruhig, als sie auf den Angriff wartete. Einige Türken sprachen sogar davon, sich zurückzuziehen. Als ihn die Nachricht von diesen Meinungsverschiedenheiten erreichte, entschied Herzog Raimund, daß der Moment zum Angriff gekommen sei.

Peter Bartholomäus, der den Speer seit seiner Entdeckung in der Höhlenkirche nicht aus den Augen gelassen hatte, bestand darauf, daß die Kreuzfahrerarmee ihn bei ihrem Vorstoß mit sich nahm. Das Datum des Angriffs wurde auf den 28. Juni festgelegt, und das Ergebnis dieses bedeutsamen Tages wurde von dem anonymen Autor des Werkes *Documents des Croisades* (1780) wie folgt beschrieben:

> Die Kreuzfahrer trugen die Heilige Lanze auf einer Standarte an der Spitze der Armee. Als Kerbogha die Kreuzfahrer in voller Aufstellung sah, wollte er einen Waffenstillstand anbieten, aber die Kreuzfahrer rückten weiter vor. Die Türken versuchten mit ihrer Überzahl die Kreuzfahrer zu teilen, aber diese behielten ihre gute Formation bei. Als Kerbogha diese Entschlossenheit auf den Gesichtern seiner Feinde sah, fürchtete er, daß einige seiner Emire das Schlachtfeld verlassen würden, und so kam es auch. Der erste, der sich zurückzog, war Dukak von Damaskus, und bald brach Kerboghas gesamte Armee zusammen. Die Kreuzfahrer drängten nach vorn und brachten viele der fliehenden Türken um.

Der Sieg bedeutete das Ende für Kerbogha und einen Triumph für die Kreuzfahrer. Mit frischem Mut starteten Herzog Raimund und seine Männer einen langen und zermürbenden Marsch in Richtung Süden, der sie in weitere Schlachten und Belagerungen verwickelte, bevor die Armee schließlich Jerusalem erreichte. Dort nahmen die Kreuzfahrer 1099 die heilige Stadt ein und gründeten das Königreich von Jerusalem sowie den Malteserorden und den Templerorden.

Ein Mann erlebte jedoch den Höhepunkt des Kreuzzuges nicht – der Mönch, der den Sieg aufgrund seiner Entdeckung des Speers ermöglicht hatte. Die Berichte über Peter Bartholomäus' Tod sind verworren. Einer Version zufolge hatte er auf dem Marsch von Antiochia nach Jerusalem wiederholt Visionen über Militärtaktiken, die gegen den Feind angewendet werden sollten. Diese stellten die Geduld der skeptischeren Mitglieder der Truppe so sehr auf die Probe, daß sie ihn schließlich aufforderten, den Beweis zu erbringen, daß er tatsächlich göttliche Inspirationen erhielt. Der Mönch bot an, sich einem biblischen Test in Form einer Feuerprobe zu unterziehen, um seinen Glauben zu demonstrieren.

Es wird berichtet,. daß Bartholomäus tatsächlich zwischen den beiden Feuerwänden lief, die die Kreuzfahrer aus Holz speziell dafür errichtet und entzündet hatten. Obwohl der Mönch noch aufrecht gehend zwischen ihnen herauskam, zog er sich schwere Verbrennungen zu, an denen er wenige Tage später qualvoll starb. Eine weniger spektakuläre Version besagt, daß er einem Hitzschlag zum Opfer fiel, den er in der extrem heißen Wüste Syriens erlitt.

Die Argumentation in bezug auf die Echtheit des Speers hielten noch lange nach dem Tod von Peter Bartholomäus an. Die Geschichte des Mannes mit seinen Visionen hatte ebenso viele Unterstützer wie Gegner, wie Richard Rainey bemerkte:

> Skeptiker behaupteten, daß Herzog Raimund die Lanze selbst herbeigezaubert, sogar dem mystischen Peter die dazugehörigen Visionen geliefert hätte. Aber eine Lanze wurde gefunden, ob sie gefälscht oder ein echter Gegenstand war, unter-

gejubelt oder entdeckt, die Lanze änderte den Lauf der Geschichte.

Das Schicksal dieses Speers bleibt ein Rätsel. Ausgrabungen in der »ersten Kathedrale der Welt« unter den alten Mosaik-Bodenplatten sowie eine gewissenhafte Untersuchung verschiedener alter Fresken an den Wänden haben keine weiteren Hinweise ergeben. Es wurde allerdings behauptet, daß die Lanze von Herzog Raimunds Kreuzfahrern nach Jerusalem und dort an »einen Ehrenplatz« gebracht wurde. Sollte dies der Zionsberg sein, dann ist die Historie Antiochias nur eine weitere Episode in der Geschichte des Speers, der sich nun im Petersdom in Rom befindet.

Es ist außerdem diskutiert worden, daß der Speer nach Armenien gekommen sein könnte, aber dies nun zu erörtern, würde die Fakten der Geschichte durcheinander bringen. Die Wahrheit ist tatsächlich viel einfacher – und viel sachlicher. M. F. de Mely gibt die Antwort in seinem klassischen Werk über die Geschichte des Speers: »Gelehrte glauben, daß es nicht wirklich eine römische Lanze war, sondern der Kopf eines Banners. Obwohl dies eine interessante Geschichte darstellen könnte, hat es mit der Legende der Lanze nichts zu tun.«

Die Geschichte der Reisen des Apostels Paulus durch Kleinasien im Jahre 36 n. Chr., bei denen er das Christentum verbreitete und die sieben Gemeinden der Offenbarung begründete, ist bekannt genug, um hier nur kurz erwähnt zu werden. Auf einer Reise von Antiochia nach Kappadokien bekehrte er auf seinem gesamten Weg Menschen und wetterte zur selben Zeit gegen bestehende Religionen, besonders die der Juden. Es sollte aber noch 200 Jahre dauern, bis die Verfolgung der Christen aufhörte. Dies geschah mit der Bekehrung des ersten Königs, Abgar VIII. von Edessa, und der Konversion Gregors in Armenien. Die Geschichte des letzten und wichtigsten Speers des

Longinus ist verbunden mit diesem außergewöhnlichen Mann und dem altertümlichen Land, in dem er geboren wurde.

Armenien, eingeschlossen in den Kleinen Kaukasus, ist immer wieder als eine der »Wiegen der Zivilisation« beschrieben worden. Laut dem 1. Buch Mose ging Noahs Arche auf dem Gipfel des Ararat, dem höchsten und heiligsten Berg im Herzen des Landes (jetzt Teil der Türkei), an Land. Von der Arche gingen Noahs Nachkommen und alle Tiere und Vögel in Paaren von Bord und bevölkerten nach der biblischen Sintflut die Welt.

Ob diese Geschichte wahr ist oder nicht, sei dahingestellt; die lange, stürmische und oft unwirkliche Geschichte Armeniens kann aber nicht geleugnet werden. Einst reichte sein Gebiet vom Schwarzen Meer bis zum Kaspischen Meer und schloß viel Land der heutigen östlichen Türkei und des Irans ein – wie die verlassene christliche Stadt Ani in der Türkei und verschiedene christliche Kirchen im Iran bezeugen. Armenien war das erste große Königreich, das das Christentum als Staatsreligion annahm, und es bahnte außerdem den Weg für eine Architektur, die den gotischen Stil des Westens prägte.

Es gibt viele Legenden über die Ankunft des Christentums in Armenien, einem Land mit der langen Tradition, kontinuierlich von feindlichen Nachbarn anderer Glaubensrichtungen bedrängt worden zu sein. Tatsächlich hat fast jede Quelle in den engen Tälern und jede Mauer einer alten Kirche oder eines alten Klosters eine Geschichte von Schicksal, Tragik und Blutvergießen zu erzählen.

Die ältesten Überlieferungen in Armenien behaupten, daß das Christentum im Land zuerst von den Aposteln gelehrt wurde – oder zumindest von deren unmittelbaren Schülern, besonders Bartholomäus und Thaddäus –, aber es existieren keine zeitgenössischen Beweise, die diese Berichte stützen könnten. Allerdings gewann die Religion ab dem zweiten Jahrhundert nach Christi Anhänger in den an Armenien angrenzenden Regionen – insbesondere die Apostelkirchen in Antiochia und

Kayseri, die eine wichtige Rolle bei der Verbreitung des Glaubens spielten. Der Einfluß dieser Gemeinden und der ständige Austausch zwischen ihnen sollten den Weg für die Ankunft des Christentums frei machen.

Am nächsten an Armenien gelegen war das altertümliche Christenzentrum Edessa, dessen König, Abgar VIII., einen tiefen Eindruck bei dem Mann hinterlassen sollte, der als Gregor Illuminator bekannt wurde und für die offizielle Konversion des Landes im Jahre 1301 verantwortlich war. Die Geschichte dieser Hauptfigur armenischer Historie wird in einer Reihe sehr alter Dokumente, Fresken und Gemälde erzählt, obwohl es nicht viele sichere Beweise in bezug auf diesen Heiligen gibt. Der Bericht des Historikers Faustus von Buzanda ist nach Lage der Dinge wahrscheinlich eine der glaubwürdigsten Informationsquellen.

Gregor, geboren als Grigor Lusavorish, wird als Mitglied des parthischen Adelshauses von Suren-Pahlev beschrieben – eines Zweigs der Arsacid-Königsfamilie – und somit als Blutsverwandter armenischer Monarchen. Laut Faustus ermordete Gregors Vater den armenischen König Khosrow im Jahre 238, weswegen fast seine gesamte Familie als Vergeltung ausgelöscht wurde. Der junge Gregor konnte als einziger entkommen und wurde in das benachbarte Kappadokien gebracht, wo er als Christ in Caesarea aufwuchs.

Im Jahre 286 – berichtet der Historiker – setzte der römische Kaiser Diocletian den Sohn des ermordeten Königs Khosrow als König Tiridates III. auf den Thron des Königreiches. Zwölf Jahre später, dank dem Vertrag von Nisibis, wurde Armenien als unabhängige Nation anerkannt, jedoch unter römischen Schutz gestellt. Als er dies erfuhr, kehrte Gregor in sein Heimatland zurück, mit sich führend die Botschaft des Christentums und eine wertvolle Reliquie als Symbol des Schicksals, den Speer des Longinus. Faustus fährt fort in seinem *Chronicle*:

Gregor kehrte in das Land seiner Väter zurück und begann, den christlichen Glauben zu predigen. Tiridates entdeckte und identifizierte ihn als Sohn des Mörders seines eigenen Vaters. Der König bestrafte ihn mit grausamen Qualen und ließ ihn in ein Verlies im königlichen Schloß Vagharashat werfen, in dem er 15 Jahre verbrachte. Eine mitleidige Witwe rettete sein Leben und versorgte ihn mit Essen.

Der armenische Historiker Vartan, der im 13. Jahrhundert lebte, schreibt in seiner *Historie des Croisades*, daß Gregor im Besitz der Heiligen Lanze gewesen sei, die er bei seinem Aufenthalt in Caesarea erhalten hatte. Dabei handelte es sich um den Speer, mit dem der Zenturio Longinus die Seite des Christus' durchbohrt hatte, und er blieb während der ganzen Zeit, die er sein geistliches Amt in Kayseri begleitete, in seinem Besitz.

Vartan glaubte, daß Longinus eine Zeitlang im Goreme-Tal gelebt hatte, ein Ort, an dem sich später viele christliche Mönche niederließen. Hier war es auch, wo Basilius der Große eines der frühesten christlichen Klöster und die Kirche, die seinen Namen trägt, gründete. Darin kann man noch immer die Gräber der frühen Mönche und die Fingerabdrücke des unbekannten Künstlers sehen, der die Fresken des Gebäudes im zehnten Jahrhundert gemalt hatte.

Longinus gab die Waffe an einen seiner Konvertiten weiter, damit sie als »Symbol für das vergossene Blut des Erlösers« benutzt würde. Aus den Händen dieses Mannes, so berichtet der armenische Historiker, kam sie zu Gregor, »der sie über allen anderen Reliquien des Herren verehrte«.

Vartan erwähnt auch ein Gerücht, dem zufolge zwei weitere frühe Christen den Speer nach Armenien gebracht haben könnten – die Apostel Matthäus und Josef von Arimathäa –, gibt aber zu, daß es für diese Annahme keine Beweise gibt.

Vor seiner Gefangennahme durch Tiridates versteckte Gregor anscheinend die Lanze in einer Höhle in der bergigen Landschaft Kotayks östlich der alten Stadt Yerevan. Hier hatten Jahrhunderte vor der Ankunft des Christentums Eremiten in den vielen natürlichen Höhlen der Region zurückgezogen gelebt. Diese Männer befanden sich unter Gregors ersten Konvertiten zum Christentum. Hier gründete er später auch das erste Kloster des Landes.

Die Gefangenschaft des christlichen Predigers in Khor Virap, dem Untergrund-Verlies, hatte dramatische Folgen: Der wilde und lüsterne Tiridates ordnete die brutale Ermordung einer Gruppe frommer christlicher Frauen an, einschließlich der schönen Jungfrau Hripsime, die nicht Teil des königlichen Harem aus Ehefrauen und Konkubinen werden wollten. Eine armenische Legende besagt, daß der König von einer göttlichen Eingebung erfaßt wurde, und erst als seine Schwester Khosrovidukht ihm von ihrer Vision eines Mannes mit einem »strahlenden Gesicht«, der ihn als einziger retten könnte, erzählte, ließ der Monarch Gregor frei. Tiridates war umgehend geheilt und so dankbar, daß er entschied, zusammen mit seiner Familie zum Christentum zu konvertieren.

Gregor selbst hatte kurz nach seiner Freilassung aus dem Verlies ebenfalls eine Vision. Laut dem Chronisten Faustus von Buzanda sah er Christus mit »einer goldenen Lanze«, mit der er die »Erde in der Mitte der königlichen Stadt Vagharshapat schlug«. Eine große Feuersäule erhob sich an der Stelle, überstrahlt von einem glänzenden Kreuz. Danach erschienen vier Bögen, eine riesige Laterne und ein goldener Thron, wie in einer riesigen Kathedrale.

Als Ergebnis dieser Vision, die Gregor den Titel »Illuminator« einbrachte, baute er eine Reproduktion dieser »mystischen Kirche« an genau der Stelle, an der er die Feuersäule den Boden berühren sah. Er nannte die Stadt in Etchmiadzin um, was ungefähr »Wo der einzige Nachkomme herabstieg« bedeutet. Der Ort selbst war von Bedeutung, da er Jahrhunderte lang der Platz für den zoroastrischen Feuertempel gewesen war – tatsächlich wurden später Beweise für diese heidnische Gottesverehrung in einer Krypta gefunden. Von 180 bis 340 war Etchmiadzin die Hauptstadt Armeniens.

Die prächtige Kirche war jedoch nicht Gregors einzige Kreation in dem Land, in dem er bis zu seinem Tod im Jahr 325 als Primas diente. In der Schlucht über dem Fluß Azat, 40 Kilometer südöstlich von Yerevan, wo er auf seine ersten Anhänger gestoßen war und den Speer des Longinus zur Sicherheit verwahrte, fand er eine Höhlenkirche mit Kloster. Ursprünglich *Ayrivank* – Kloster der Höhlen – genannt, war sie aus weichem Stein vom Talgrund gehauen worden und sie sollte bald zum Mittelpunkt einer großen Klostergemeinschaft werden.

Der Bau bestand aus der *Ekklesia Katholike* für theologische Studien, dem *Gavit* auf der Nordseite des Klosters und dem *Zhamatun*, oder Halle des Synod. Innerhalb der Anlage waren noch weitere Kapellen und Zellen aus dem Fels gehauen worden, alle auf verschiedenen Ebenen des Berghangs. Außerhalb der Mauern in Richtung Westen wurde eine weitere Kapelle in den Fels geschlagen und auf den Namen St. Stvadzadzin geweiht – Mutter Gottes. An diesem Ort der Anbetung sind altertümliche Inschriften entdeckt worden; eine der ältesten von ihnen datiert auf das Jahr 1164.

Als St. Basil bekannt, zog diese einzigartige religiöse Gemeinschaft bald Christen von nah und fern an. Unter diesen Pilgern entwickelte sich eine besondere Tradition: Sie banden Streifen von Tüchern um Bäume, die zwischen dem Kloster und dem Fluß wuchsen, in der Hoffnung, dies möge ihnen Glück bringen. Man sagte, daß jeder, der beim Binden dieser Tuchstücke an einen Baum ein Gebet sprach, einen Wunsch erfüllt bekäme.

Ein tragisches Schicksal sollte jedoch die Gemeinschaft im Jahre 923 ereilen, als Araber in das Land eindrangen und einen Großteil des Klosters zerstörten. Glücklicherweise entging der in der Höhle versteckte Speer der Vernichtung. 1215 wurde eine neue Kirche, die *Astvatsatin* (Jungfrau Maria), errichtet, komplett mit angrenzendem Vestibül, das größer als die Kirche selbst war und neun Bögen mit einer beachtlichen gewölbten Decke aufwies. Verschiedene kleinere Kapellen wurden ebenfalls in den Fels gebaut, eine von ihnen besitzt eine heilige Quelle, deren Wasser die Haut jung halten soll.

Das Kloster wurde nach seiner bekanntesten Reliquie benannt: *Gheghardavank* (Kloster der Heiligen Lanze). Hier verblieb der Speer einige Jahrhunderte, nachdem die Römer das Land seinem Schicksal überlassen hatten und die Bevölkerung wiederholt unter Überfällen der Sarazenen und byzantinischer Einmischung gelitten hatte. Die Lanze wurde bald von den Armeniern so eifersüchtig bewacht wie ihre christliche Religion und ihr nationales Erbe.

Der armenische Gelehrte und Theologe des zwölften Jahrhunderts, Erzbischof Nerses von Lampron, erwähnt die heilige Lanze und deren Verehrung an verschiedenen Stellen seines umfassenden Werkes. Er erzählt, wie sie bei Ashtishat um 365 ausgestellt wurde und spannt einen Bogen zu Kaiser Friedrich Barbarossa, der einige armenische Ritter für den Dritten Kreuzzug 1189 rekrutiert hatte. Leider erwähnt Nerses nicht, ob der deutsche Monarch sich des Konkurrenzgegenstandes zu dem heiligen Speer, den er selbst besaß, bewußt gewesen war. Auch spekuliert er in keinster Weise darüber, welcher der echte Speer sein könnte.

Im siebten Jahrhundert wurde die Kathedrale bei Etchmiadzin wiedererbaut, einschließlich der Konstruktion einer wunderschönen Schatzkammer rechterhand vom Altar. (Spätere Ausbauten wurden in den Jahren 1654 und 1868 vorgenommen.) In die Kathedrale gelangten nach ihrer Fertigstellung die Manuskriptsammlung, reich verzierte Gewänder, goldene Becher und mit Juwelen besetzte Kreuze, die über die Jahre zusammengetragen worden waren – und auch der heilige Speer, der aus Gheghardavank gebracht wurde.

Hier wurden die zarten und zerbrechlichen Schätze seither aufbewahrt, und man benötigt eine besondere Erlaubnis der armenischen Kirchenoberhäupter, um sie zu untersuchen. Beachtenswert unter den Gegenständen sind die rechte Hand eines Heiligen in einem silbernen Behältnis und ein Stück Holz, das aus Noahs Arche stammen soll. Dieses soll einem armenischen Mönch des 13. Jahrhunderts von einem Engel übergeben worden sein, nachdem der heilige Mann drei Mal erfolglos versucht hatte, den Ararat zu besteigen. Das Holzstück wurde vor einigen Jahren mit Hilfe der Radiokarbonmethode auf ein Alter von mindestens 6000 Jahren datiert.

Der Speer von Etchmiadzin

Leider sind von den Kirchenoberhäuptern an der Lanze keinerlei Tests erlaubt worden. Die obige linke Abbildung des Speers ist eine der neuesten. Die grafische Darstellung der Reliquie (rechts) und die Erklärung ihrer verschiedenen Komponenten bestätigt ihr hohes Alter.

Das Symbol »A« bezeichnet die Speerspitze und »B« ein gegossenes Kreuz, das später hinzukam. »C« markiert ein Kreuz aus zwei Metallstücken, die an der Rückseite der Lanze »übereinstimmend mit den Traditionen des Apostels Thomas« befestigt sind. In den Notizen wird gesagt, daß die Speerspitze diagonal eingerissen ist, obwohl das nicht auf der Darstellung zu sehen ist – und sie wird von gekreuzten Metallstreifen zusammengehalten. Die Anhänge »D« und »E« stellen das rote Siegel des Patriarchen Daniel und das gelbe Siegel eines anderen Patriarchen, David, dar, die beide um die Vorherrschaft in Armenien im Jahre 1805 stritten und den Speer jeweils für sich beanspruchten. Obwohl der Streit zugunsten Daniels beigelegt wurde, symbolisiert dieses Datum einen der letzten Auftritte der heiligen Reliquie in der Öffentlichkeit.

Die Gelehrten und Experten für heilige Reliquien, die die lange Reise nach Etchmiadzin angetreten haben – nun das Zentrum der armenischen orthodoxen Kirche – sind mit dem hohen Alter der metallenen Speerspitze zufrieden, da dieses Ergebnis zumindest für einen authentischen Gegenstand aus alter Zeit spricht. Ob diese nun aber tatsächlich der ursprüngliche Speer des Longinus ist oder nicht, ist etwas, was wir – wie M. de Mely in seinem Buch so treffend formulierte – »wohl nie wissen werden«.

Ich selbst glaube, daß – sollte überhaupt ein Teil der Lanze des Longinus seine lange und mühsame Reise durch die Zeit überlebt haben – diese Reliquie in Armenien sehr wahrscheinlich die echte ist. Das endgültige Schicksal des Speers, nachdem er durch die Hände so vieler Menschen gegangen ist – sowohl in guter als auch in böser Absicht –, seine unzweifelhafte symbolische Macht und sein wahrer Platz in der Geschichte sind noch lange nicht geklärt.

Literaturverzeichnis

- Ananikian, M. H., *Armenian Mythology*, Boston Books, 1925
- Angeburt, Jean-Michel, *The Occult and the Third Reich*, McGraw Hill, 1983
- Baring Gould, Sabine, *The Lives of the Saints, John Grant*, 1914
- *Bible – the Gospels of St Mattew, St Luke St Mark and St John*, CUP
- Brennan, J. H., *Occult Reich*, Futura Publications Ltd., 1974
- Brewer, E. Cobham, *Dictioniary of Phrase and Fable*, London 1894
- Buechner, Howard A. & Bernhart, Wilhelm, *Adolf Hitler and the Secrets of the Holy Lance*, Thunderbird Press Inc., 1989
- Bullock, Alan, Hitler, *A study in Tyranny*, Harper & Row, 1964
- Conybeare, F. C., *The Key of Truth*, Oxford University Press, 1889
- De Mely, F., *Exuviae Sacre Konstantopolilonae*, Leroux, 1804
- Fischman, Jack, *The Seven Men of Spandau*, W. H. Allen, 1954
- Freely, John B., *The Companion Guide to Turkey*, Collins, 1979
- Gurney, O. R., *The Hittites*, Penguin Books, 1968
- Howe, Ellic, *Urania's Children*, William Kimber, 1970
- Inglisian, Vahan, *Armenia and the Bible*, Vienna 1935
- Khanzadian, Emma, *The Culture of the Armenian Highlands*, Erevan 1967
- King, Francis, *Satan and Swastika*, Granada Publishing, 1976
- Kolosimo, Peter, *Not of This World*, Sphere, 1970
- Kyle, Duncan, *Black Camelot*, St. Martin's Press Inc., 1978
- Lloyd, Seton, *Early Anatolia*, Penguin Books, 1956
- Macler, F., *Légendes Populaires d'Arménie*, Paris, 1933
- Mango, Cyril, *Byzantine Architecture*, Harry N. Abrams, 1976
- Mathews, John, *The Grail and the Quest for Eternal Light*, Thames & Hudson, 1981
- Mellaart, James, *Earliest Civilisations for the Near East*, Thames

& Hudson, 1965
- Muller-Weiner, W., *Castle of the Crusaders*, Collins, 1966
- Paulin, P., *La Chanson d'Antioche*, Techner, 1848
- Pauwels, Louis & Bergier, Jaques, *The Dawn of Magic*, Gibs & Phillips, 1963; reprinted as *The Morning of Magicians*, Souvenir Press, 2000
- Pennick, Nigel, *Hitler's Secret Sciences*, Neville Spearman, 1981
- Peters, F. E., *The Harvest of Hellenism*, Simon & Schuster, 1970
- Rainey, Richard, *Phantom Forces*, Berkely Books, 1990
- Ravenscroft, Trevor, *The Spear of Destiny*, Neville Spearman, 1973
- Ravenscroft, Trevor & Wallace-Murphy, Tim, *The Mark of The Beast*, Sphere, 1990
- Rice, Tamara, *The Seljuks in Asia Minor*, Thames & Hudson, 1961
- Rodley, Lyn, *Cave Monasteries of Byzantine Cappadocia*, Cambridge University Press, 1986
- Runciman, Steven, *The Fall of Constantinople*, Cambridge University Press, 1965
- Shirer, William L., *The Rise and Fall of the Third Reich*, Simon & Schuster, 1960
- Sprater, Friedrich, *Die Reichskleinodien in der Pfalz*, Ludwigshafen 1942
- Stein, Walter Johannes, *The Ninth Century and the Holy Grail*, Temple Lodge Press, 1988
- Steiner, Rudolf, *The Mysteries of the East and Christianity*, Steiner Press, 1972
- Toland, John, Hitler, *Ballantine Books*, 1970
- Trevor-Roper, Hugh, *The Last Days of Adolf Hitler*, Macmillan, 1945
- Walker, Warren S., *Tales Alive in Turkey*, Harvard University Press, 1966